SO GEHT RUHESTAND FÜR MÄNNER

*Zeit für Freunde, Gesundheit,
Abenteuer und Lebenslust
und ganz ohne Geldsorgen*

IMPRESSUM

So geht Ruhestand für Männer
von Reinhard Obel

©2021 Reinhard Obel
Alle Rechte vorbehalten.

Reinhard Obel wird vertreten durch:
Chris Heinrich, Gartenstraße 40, 71717 Beilstein

Für Kritik und Fragen stehen wir vom Verlagshaus – modern solutions
gerne jederzeit zur Verfügung unter: schnellhilfe.postfach@gmail.com

Cover-/Umschlaggestaltung, Buchsatz: Buchgewand Coverdesign | www.buch-gewand.de
unter Verwendung von Motiven von depositphotos.com: © ekays, © incomible, © ronedale, © turchenko3560.gmail.com, © awesomedwarf, © julynx, © Kreativ, © wasja, © yayayoyo, © UncleLeo, © lineartestpilot | stock.adobe.com: © desertsands | flaticon.com: Icons made by freepik

Verantwortlich für den Druck: Amazon Distribution GmbH, Leipzig

ISBN:
Taschenbuch: 978-3-9823974-1-2
Hardcover: 978-3-9823974-2-9
Ebook: 978-3-9823974-0-5

SO GEHT RUHESTAND FÜR MÄNNER

Zeit für Freunde, Gesundheit, Abenteuer und Lebenslust und ganz ohne Geldsorgen

Reinhard Obel

INHALTSVERZEICHNIS

Einleitung 07

**Geistig und körperlich fit
bleiben als Mann im Ruhestand** 15

Wer rastet, der rostet 16

Die Leistungsfähigkeit in allen Bereichen
ganzheitlich steigern und vital leben 21

So erhalten sich ausgeschlossene
Männer die Gehirnleistung 25

Es muss nicht immer das Sixpack sein 30

Einen eigenen wirkungsvollen
Trainingsplan aufstellen 33

Gesundheit auf natürlichem Weg erhalten 36

Gesundheit ist das wichtigste Gut 38

Vitaminversorgung 41

Mentale Hygiene 44

**Ein sinnvolles und aufregendes
Leben führen** 49

Wovon man(n) schon immer träumt 51

Kreativität aktivieren und ausleben 57

Befreiendes Reisen für die Seele oder doch
ein außergewöhnliches Leben 63

Einfach mal auswandern 66

Das Leben nach den eigenen
Bedürfnissen umkrempeln 72

INHALTSVERZEICHNIS

Finanzen einfach managen und aufbessern 79

Ausgaben clever optimieren, ohne zu verzichten 82

Das Wichtigste zur Grundsicherung 91

Steuern im Ruhestand 101

Die eigene Lebenserfahrung elegant nutzen und Geld damit verdienen 110

Kontakte knüpfen und Gleichgesinnte finden 123

Geben und Nehmen 124

Gleichgesinnte finden 131

Treffen Sie sich mit Freunden 137

Wie und wo Sie gleichaltrige Frauen mit ähnlichen Interes 142

Erstklassige Informationen für Männer kurz vor und im Ruhestand 151

Frührente 151

Die besten Alternativen zum eigenen Auto 162

Grundlegendes zum betreuten Wohnen 167

Quellen 179

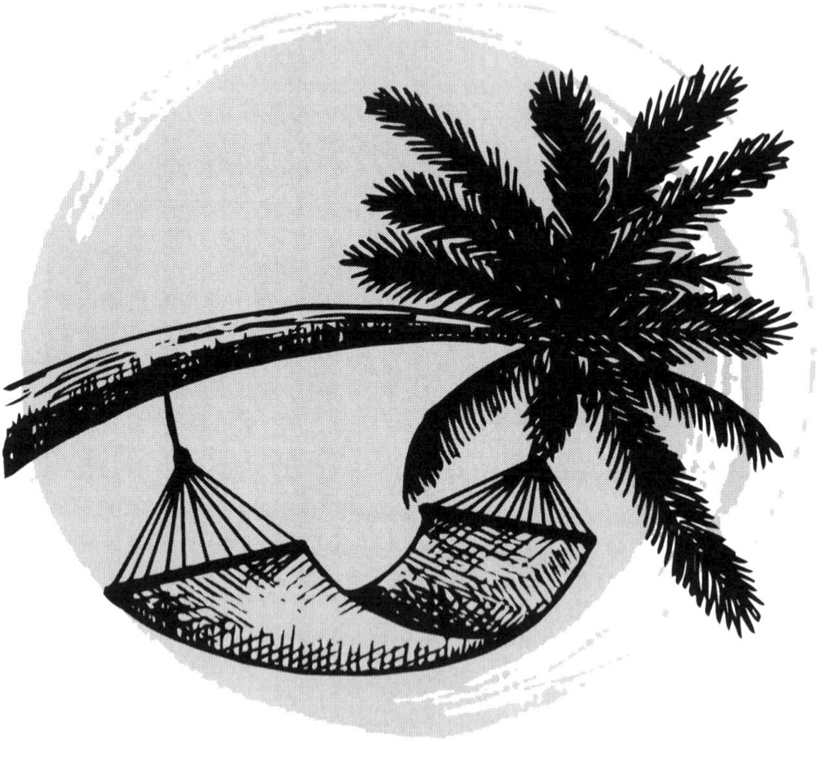

EINLEITUNG

Jedes Alter hat seine schönen Seiten – so hört man jedenfalls häufig. In jungen Jahren stehen vielleicht das Studium und der Beruf im Vordergrund, später kommt dann die eigene Familie hinzu. Kleine Kinder werden viel zu schnell groß und irgendwann sind sie aus dem Haus. Vielleicht muss man sich phasenweise noch um die Pflege der eigenen Eltern oder Schwiegereltern kümmern. Und ehe man sich umschaut, ist man selbst so weit, an den eigenen Ruhestand zu denken. Die Frage, wo die Jahre eigentlich geblieben sind, mag sich stellen, und nicht selten fragt man sich wohl im Geheimen, ob man vielleicht das eine oder andere im Leben verpasst hat. Damit einher geht dann genauso häufig der Gedanke, alles das, was man scheinbar verpasst hat, im Ruhestand nachzuholen. Doch nun steht diese vielleicht lange ersehnte Phase des Lebens endlich vor der Tür, vielleicht ist man auch schon in Rente oder Pension. Was also tun in der neu gewonnenen Zeit? Wie schafft man es, diese Phase nach dem Berufsleben zu genießen und das Maximum herauszuholen? Und wie sieht es überhaupt mit den Perspektiven aus, wenn man gesundheitlich nicht mehr ganz so fit ist?

Fragen über Fragen, die sich Männer mit zunehmendem Alter stellen. Der Wechsel in den Ruhestand mag wie eine Zäsur wirken, sodass jetzt der perfekte Zeitpunkt ist, noch einmal von vorne zu beginnen. Natürlich müssen Sie Ihr heutiges Leben nicht komplett auf den Kopf stellen, um sich den einen oder anderen Wunsch zu verwirklichen, den Sie immer aufgeschoben haben! Ihr familiäres und Ihr soziales Umfeld haben schließlich gemeinsam mit Ihnen schon ein paar Stürme überstanden, und es wäre sehr schade, diese wertvolle Erfahrung und das gemeinsam Erlebte zu vergessen und alle Brücken hinter sich abzubrechen. Das wiederum muss auch gar nicht sein, denn es gibt viele mehr oder weniger bedeutende Dinge, die Sie in Ihrem Leben jetzt ändern können, ohne deshalb Ihre Familie oder Ihre Freunde vor den Kopf zu stoßen.

Den Ruf des rüstigen Rentners oder Ruheständlers können Sie sich schon mit weniger dramatischen Änderungen in Ihrem Leben erarbeiten. Wichtig ist allerdings, dass Sie sich aktiv mit dieser neuen Lebensphase beschäftigen und Ihren Alltag nun aktiv gestalten. Natürlich kann es sein, dass Sie in den ersten zwei bis drei Monaten nach dem Eintritt in die Rente oder in den Ruhestand erst einmal gar nichts machen möchten. Vielleicht wollen Sie einfach ganz flexibel und unabhängig sein, Ihre freie Zeit genießen und überhaupt keine Verpflichtungen übernehmen. Das ist völlig in Ordnung, eine Weile auf der faulen Haut zu liegen und in den Tag hinein zu leben.

Zu einem erfüllten Ruhestand gehört aber doch noch etwas mehr. Wenn Sie bis zum Eintritt in die Rente oder in die Pension kaum die Muße gefunden haben, sich aktiv mit dieser neuen Phase in Ihrem Leben zu beschäftigen, ist es jetzt an der Zeit, das zu tun. Vielleicht haben Sie aber auch schon im letzten Jahr Ihres Berufslebens über die eine oder andere Veränderung nachgedacht, die Sie in Ihrem Leben nach der Arbeit bewirken wollen. Ganz unabhängig davon, ob Sie gut vorbereitet in den Ruhestand gehen oder ob Sie die Dinge auf sich zukommen lassen, gilt doch eine Maßgabe: Ihr Tag sollte eine gewisse Struktur haben und einen gewissen regelmäßigen Ablauf, damit Sie für sich selbst das gute Gefühl haben, etwas Sinnvolles zu tun. Vielleicht möchten Sie eine neue Sportart erlernen, vielleicht wollen Sie endlich Zeit mit den Enkeln verbringen, vielleicht schreiben Sie sich noch einmal an der Universität ein.

Wie auch immer Ihre individuellen Vorstellungen von Ihrem perfekten Leben im Ruhestand sein mögen: Jetzt ist der richtige Zeitpunkt, Ihre Träume zu verwirklichen.

Nehmen Sie sich gerne die nötige Zeit, Ihre eigenen Ideen zu verwirklichen, hängen Sie Ihren Tagträumen nach und überlegen Sie sich, was Sie schon immer einmal machen wollten.

Dann allerdings ist es höchste Zeit, an die Arbeit zu gehen. Werden Sie aktiv, halten Sie Ihre grauen Zellen fit und gesund, tun Sie etwas für Ihren Körper, pflegen Sie Ihre sozialen Kontakte – und haben Sie Spaß am Leben im Ruhestand!

Ganz sicher suchen Sie auch häufiger den Austausch mit anderen Männern in Ihrem Alter. Wahrscheinlich kommen Sie schnell zu der Erkenntnis, dass sich wohl alle mit ganz ähnlichen Fragen beschäftigen wie Sie selbst. Wie bleibt man im Alter fit? Wie bleiben Körper und Geist beweglich? Was muss man rund um die Finanzen regeln? Wie sieht es aus mit alternativen Wohnformen für Senioren, wenn Sie irgendwann nicht mehr in Ihren geliebten vier Wänden leben können oder wollen? Und wie sieht es überhaupt mit den sozialen Kontakten aus, wie erhalten Sie sie und wie bauen Sie sie aus? Solche Fragen sind völlig normal, und Sie werden vermutlich bald feststellen, dass viele Männer in einer vergleichbaren Situation ähnliche Fragen haben.

Es mag ein beruhigendes Gefühl sein, dass es Ihnen nicht allein so geht. Wir haben in diesem Ratgeber deshalb viele Punkte aufgegriffen, die Mann sich vor oder im Ruhestand stellt. Verstehen Sie ihn gerne als Impuls für Ihr neues Leben nach dem Beruf und lassen Sie sich inspirieren. Dieser Ratgeber hat nicht den Anspruch, abschließend und vollständig zu sein. Er hat auch nicht den Anspruch, alles wichtigen Themen in aller Ausführlichkeit zu beleuchten. Er möchte Ihnen Anregungen geben und darf als Impuls verstanden werden, sich über viele Dinge Gedanken zu machen, die rund um den Wechsel in den Ruhestand irgendwann auftauchen. Er mag Ihnen auch ein gutes Gefühl geben, dass Sie mit Ihren Überlegungen nicht allein sind, sondern dass es unglaublich vielen Männern so geht wie Ihnen. Ganz nebenbei sei erwähnt, dass sich auch viele Frauen ähnliche Gedanken machen, denn auch für das weibliche Geschlecht ist der Wechsel in die Rente häufig ein gravierender Einschnitt im Leben, der mit vielen Veränderungen einhergeht.

In den folgenden Kapiteln geht es um so wichtige Themen wie die geistige und körperliche Fitness im Alter, um die Chance, ein aufregendes und rundherum erfülltes Leben zu leben, um die Finanzen an die neue Lebenssituation anzupassen, um wieder neue Kontakte zu knüpfen und um die Gelegenheit, frühzeitig die Dinge für die letzte Lebensphase zu regeln.

Am Anfang beschäftigen wir uns mit einem Thema, das man als großes Geschenk betrachten darf und dessen Bedeutung man nicht hoch genug einschätzen kann: die geistige und körperliche Fitness bis ins hohe Alter. Wie Sie selbst dazu beitragen können, Ihre Leistungsfähigkeit zu erhalten und zu verbessern, erfahren Sie im nächsten Kapitel. Auch hier gilt, dass dieser Ratgeber keinesfalls den Anspruch hat, Lösungen für individuelle gesundheitliche Probleme zu liefern. Er möchte Ihnen aber Impulse an die Hand geben, wie Sie selbst etwas für sich und Ihre Fitness tun können und dazu sehr verschiedene Anregungen geben. Ganz nebenbei soll es Ihnen natürlich auch noch sehr viel Spaß machen, sich um Ihre eigene Vitalität zu kümmern – umso mehr, wenn Sie dabei nette Menschen kennenlernen, die wie Sie selbst ihren Ruhestand rundherum genießen!

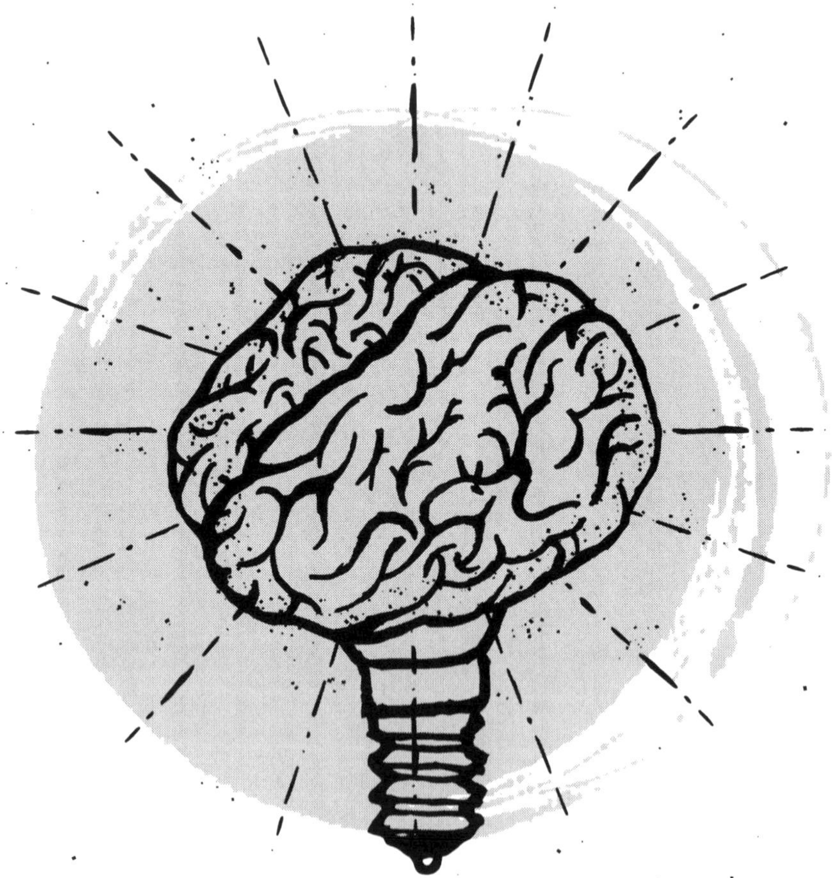

GEISTIG UND KÖRPERLICH FIT BLEIBEN ALS MANN IM RUHESTAND

Bis ins hohe Alter gesund und vital zu bleiben: Das wünscht sich wohl jeder Mensch. Vielleicht waren Sie deshalb Ihr ganzes Leben lang schon immer körperlich aktiv. Vielleicht haben Sie viel Sport getrieben, vielleicht haben Sie sich gesund ernährt. Vielleicht sind aber auch gerade diese Dinge in Ihrem Leben bisher viel zu kurz gekommen, weil zwischen Beruf, Familie und Kindern nie genügend Zeit war, sich um sich selbst zu kümmern. Ganz egal, ob Sie bisher sportlich sehr aktiv waren oder ob Sie jetzt erst die Freude an der Bewegung entdecken: Es ist nie zu spät, den Sportler in sich zu entdecken. Wichtig ist aber, dass Sie sich nicht gleich am Anfang zu hohe Ziele setzen. Sprechen Sie auch gerne mit Ihrem Arzt und klären Sie ab, ob Sie bestimmte Sportarten aufgrund von gesundheitlichen Problemen nicht machen sollten – oder ob er andere Sportarten für Sie sehr empfiehlt! Dann kann es auch schon losgehen und Sie dürfen sich voller Begeisterung darauf stürzen, sich körperlich und geistig zu ertüchtigen. Wir versprechen Ihnen, dass Sie viel Freude dabei haben werden – und ganz nebenbei mit Begeisterung feststellen, dass Sie Schritt für Schritt vitaler und fitter werden!

WER RASTET, DER ROSTET

Bis vor einigen Jahren galt moderater Ausdauersport als das Nonplusultra für Senioren, wenn man sich körperlich fit halten wollte. Fahrradfahren, Schwimmen oder Walken standen hoch im Kurs, und wer in ein Fitnessstudio ging, war vermutlich auf dem Crosstrainer oder dem Fahrrad zu finden und ergänzte gelegentlich mit einer leichten Einheit auf dem Laufband.

In der modernen Sportwissenschaft hat sich allerdings die Erkenntnis durchgesetzt, dass Ausdauertraining allein noch nicht ausreicht, um den Körper bis ins Alter fit zu halten. Es ist ein guter Anfang, sollte aber unbedingt ergänzt werden um Muskeltraining und auch um Dehnungsübungen. Nur so bleibt der gesamte Körper im Alter fit und beweglich (1).

Für ein gesundes Leben sind starke Muskeln unverzichtbar. In den größeren Städten findet man deshalb immer häufiger Sportkurse, die auf die speziellen Bedürfnisse von Senioren zugeschnitten sind. Hier treffen sich ältere

Menschen zwischen 60 und 80 Jahren, manche Teilnehmer sind sogar noch etwas älter. Auf dem Programm steht das Training auf dem Ergometer als Warm-up, danach geht es weiter an die Geräte und auf die Gymnastikmatte. Unter Aufsicht eines erfahrenen Kursleiters stärken die rüstigen Senioren ihre Muskeln und trainieren Gelenke und Sehnen. Auch die Verbesserung der Kondition steht im Vordergrund, denn nur wenn das Herz-Kreislauf-System mit allen Muskeln, Gelenken, Sehnen und Organen angesprochen wird, erzielt man einen optimalen Effekt.

Sportwissenschaftler und Mediziner wissen heute, dass die Muskulatur im Alter vor allem deshalb schwächer wird, weil sie nicht ausreichend genutzt wird. Der menschliche Körper kann bis ins hohe Alter trainiert werden, und genau das sollte man auch tun, damit man aktiv bleibt. So erhält man alle Funktionen des Körpers aufrecht und schafft die optimale Basis dafür, sich bis ins Alter jung zu fühlen.

Aus biologischer Sicht kommt es spätestens ab dem 60. Lebensjahrzehnt zu einem stärkeren und schnelleren Abbau von Muskeln und von Kraft. Rund ein Prozent im Jahr kann dieser Verlust betragen, wenn man nicht dagegen angeht. Die gute Nachricht ist allerdings: Mit einem gezielten Training kann man sehr schön vorbeugen! Dabei spielt es übrigens nur eine untergeordnete Rolle, ob man mit dem Sport beginnt, wenn man bereits gesundheitliche Probleme hat oder ob man schon frühzeitig in jüngeren Jahren aktiv wird.

Übrigens muss man keinesfalls täglich Sport treiben! Zwar schadet es nicht, sich jeden Tag zu bewegen, doch zwei bis drei Einheiten an Kraft- und Ausdauertraining pro Woche ins ausreichend. Schließlich wollen Sie Ihrem Körper zwischendurch noch etwas Zeit geben, um sich zu erholen. Medizinisch belegt ist es, dass der Effekt eines regelmäßigen moderaten Kraft- und Ausdauertrainings, das genau auf Senioren zugeschnitten ist, größer ist als eine Einheit in der Woche, in der Sie sich zwei Stunden im Fitnessstudio quälen. Optimal ist es also, in einer Gruppe von Senioren an zwei oder drei Tagen in der Woche aktiv zu werden, wobei Sie am besten unter Aufsicht eines Trainers arbeiten. Er sieht nämlich sehr schnell, ob sich kleine Fehler in der Ausführung einer Übung einschleichen, die am Ende mehr Schaden als Nutzen anreichten kann. Ganz nebenbei leisten Sie mit regelmäßigem Krafttraining übrigens einen wichtigen Beitrag zur Sturzprophylaxe, denn wenn Muskeln, Knochen, Gelenke und Sehne gut trainiert sind, verringern Sie die Gefahr von Stürzen mit Knochenbrüchen deutlich – und damit die Gefahr, längere Zeit ans Bett gefesselt zu sein!

Eine Funktion, die nicht genutzt wird, verkümmert mit der Zeit – so verhält es sich bei Ihrem Körper. Ganz ähnlich ist es allerdings mit den kognitiven Fähigkeiten! Das heißt, sie sollten genauso regelmäßig trainiert werden (2).

Grundsätzlich ist die kognitive Leistung ebenso wie die körperliche Kraft abhängig vom Alter. Unter kognitiven Fähigkeiten versteht man die geistige Wahrnehmung und das Denken. Sie nehmen Signale aus Ihrer Umwelt wahr, Sie verarbeiten diese und richten Ihre Handlung danach aus. Kognition findet also überall und zu jeder Zeit statt. Zur Kognition gehören zum Beispiel das Sehen, Hören und Schmecken, aber auch Aufmerksamkeit, Nachdenken und Verarbeiten von Reizen, die Speicherung von Zahlen, Daten und Fakten und das Ausdrücken mithilfe der Sprache. Auch diese Fähigkeiten lassen im Alter nach, können aber gut trainiert werden. Dabei spielt das Gedächtnis eine große Rolle, wobei nach dem Kurzzeit- und dem Langzeitgedächtnis zu unterscheiden ist. Weitere kognitive Fähigkeiten sind unsere Motorik mit allen Bewegungen, logisches Denken und die räumliche Vorstellung.

Der Abbau von Zellen in unserem Gehirn startet etwa im 5. Lebensjahrzehnt. Vielleicht merken Sie das daran, dass Sie nicht mehr mehrere Dinge gleichzeitig tun können oder dass es Ihnen schwerfällt, Ihre Aufmerksamkeit auf zwei Dinge zu richten. Allerdings weiß die moderne Medizin auch, dass manche kognitiven Fähigkeiten im Alter besser werden! So können Menschen im Alter von etwa 60 Jahren besonders gut Blicke und Gefühle miteinander in Verbindung bringen. Die menschliche Sprachfähigkeit ist ebenfalls mit 60 Jahren auf ihrem Höhepunkt.

Wenn Sie mental aktiv bleiben, verringern Sie die Wahrscheinlichkeit, an Demenz zu erkranken. Allein das ist sicher ein guter Grund, die kleinen grauen Zellen in Bewegung zu halten. In Kombination mit körperlicher Bewegung steigern Sie übrigens die Durchblutung des Gehirns und unterstützen so die geistige Leistungsfähigkeit optimal.

Das alles sind sicher sehr gute Gründe, sich als Mann im Ruhestand nicht auf die faule Haut zu legen, sondern an der körperlichen und geistigen Fitness zu arbeiten. Dazu gibt es eine Reihe von Möglichkeiten in Form von Sportkursen, Sprachunterricht und viele weitere Angebote, die auf die besonderen Bedürfnisse der Generation 60 plus zugeschnitten sind. Wie wichtig es ist, Körper und Geist als Einheit zu betrachten, schauen wir uns im nächsten Kapitel an.

DIE LEISTUNGSFÄHIGKEIT IN ALLEN BEREICHEN GANZHEITLICH STEIGERN UND VITAL LEBEN

Körper, Geist und Seele stehen in einer ganz engen Verbindung miteinander. Nur wenn alle drei im Einklang sind und wenn es allen drei gut geht, fühlen wir uns wirklich rundherum wohl in unserer Haut und werden glücklich und gesund leben. Der Ayurveda ist zum Beispiel eine viele 1.000 Jahre alte Heilkunst, die an dieser Einheit von Körper, Geist und Seele ansetzt. Die moderne Schulmedizin ist noch nicht ganz so weit, hier wird häufig noch zu sehr auf das körperliche Wohlbefinden abgestellt, sodass Geist und Seele ein wenig in den Hintergrund geraten. Trotzdem erkennt auch die klassische Schulmedizin mehr und mehr, dass der Körper nur dann wirklich gesund ist, wenn auch Geist und Seele miteinander im Einklang sind. Doch woran wird das eigentlich deutlich?

Vielleicht haben Sie es selbst schon einmal erlebt: Seit einiger Zeit spüren Sie Rückenschmerzen, für die Sie keine Ursache ausmachen können. Sie gehen zu Ihrem Orthopäden, der Ihnen Krankengymnastik verschreibt. Sie suchen sich einen Therapeuten vor Ort, doch auch nach einigen Wochen stellen Sie keine deutliche Besserung Ihrer Beschwerden fest. Ihr Orthopäde weiß aus medizinischer Sicht keinen Rat mehr, ist aber offen für weitere Untersuchungen aus den anderen Fakultäten. Nach einer längeren Odyssee und mehreren Terminen bei verschiedensten Ärzten kommt schließlich heraus, dass es sich offenbar um psychosomatische Beschwerden handelt. Sie stehen beruflich seit einiger Zeit stark unter Druck, Hektik und Stress machen Ihnen immer mehr zu schaffen, und auch mit Ihrem neuen Vorgesetzten funktioniert es nicht so richtig. Offenbar hat dieser Stress bei Ihnen Rückenschmerzen ausgelöst, die Sie erst mit Entspannungsübungen, mit Yoga und mit Meditation in den Griff bekommen – weil Sie dadurch Abstand zu Ihren Problemen am Arbeitsplatz finden. Was ist hier passiert?

Körper und Geist gehören untrennbar zusammen (3). In der modernen Medizin gewinnt diese Erkenntnis zunehmend an Bedeutung. Zwar weiß man schon seit über 2.000 Jahren, dass sich der Körper nicht getrennt von der Psyche betrachten lässt und dass manche Beschwerden ausschließlich psychisch bedingt sind. Doch viel zu lange haben die Ärzte Körper und Geist als voneinander unabhängig betrachtet und auch behandelt. Der Begriff es gebrochenen Herzens beispielsweise mag uns zuerst einzig und allein an den Geist denken lassen. Trotzdem kann es die Ursache für ernsthafte gesundheitliche Störungen sein, die sich nach einer schmerzhaften Erfahrung in körperlichen Beschwerden manifestieren. Auch auf Herz-Kreislauf-Erkrankungen kann der Gemütszustand einen erheblichen Einfluss haben, und Diabetes oder eine Herzerkrankung wird durch eine Depression mit hoher Sicherheit noch schlimmer werden, um nur einige wenige Beispiele zu nennen. Der Zusammenhang besteht hier unter anderem darin, dass eine Depression Stress im Körper auslösen kann, der sich wiederum negativ auf den Zustand der Blutgefäße auswirkt.

So wichtig es ist, dass es in medizinischer Hinsicht zu einem Umdenken kommen muss, so wichtig ist es aber auch für den Patienten, diese Einheit von Körper, Geist und Seele zu verstehen. Schließlich muss er die Hintergründe verstehen, warum ein Arzt zum Beispiel weniger nach seinen körperlichen Beschwerden fragt als vielmehr danach, ob Geist und Seele gesund sind. Wer sich noch nie mit diesen Zusammenhängen beschäftigt hat, könnte es durchaus schwierig empfinden, seinem Arzt bei einer entsprechenden Empfehlung zu folgen und eine Behandlung zu akzeptieren, die in erster Linie an seiner geistigen oder mentalen Gesundheit ansetzt.

Das Wechselspiel zwischen Körper, Geist und Seele wird in der Medizin auch als Psychosomatik bezeichnet (4). Es kann durchaus passieren, dass es für körperliche Beschwerden gar keine organischen Ursachen gibt, weil sie lediglich psychisch begründet sind. Magenprobleme aufgrund von Stress oder Durchfall aufgrund von Lampenfieber sind nur zwei Beispiele dafür, wie sehr unser Körper leidet, wenn die Psyche unter Druck gerät. Und auch Schmerzen wirken sich negativ auf unsere Psyche aus, wie Sie vielleicht selbst schon einmal festgestellt haben.

Aus medizinischer Sicht entstehen psychosomatische Erkrankungen durch eine Erhöhung der Stresshormone im menschlichen Körper. Dieser Anstieg wirkt sich in ganz unterschiedlicher Hinsicht negativ aus und lässt körperliche Beschwerden stärker spürbar werden oder sogar erst entstehen.

Solche Erkenntnisse aus der modernen Medizin bieten uns nicht nur die Chance, manifeste Beschwerden besser zu behandeln. Sie geben uns auch die Möglichkeit, schon frühzeitig etwas für unsere Gesundheit zu tun und Körper, Geist und Seele als Einheit zu behandeln. Anders formuliert: Wenn Sie Ihren Ruhestand dazu nutzen, sich in körperlicher, geistiger und seelischer Hinsicht fit zu halten, werden Sie das innerhalb von kurzer Zeit wahrscheinlich deutlich an Ihrem Wohlbefinden spüren! Nutzen Sie diese Chance und fangen Sie einfach mit ganz kleinen Schritten an, sich selbst etwas Gutes zu tun. Der Wechsel in den Ruhestand ist der perfekte Zeitpunkt, um sich intensiver mit Ernährung und Sport zu beschäftigen und um gesunde Gewohnheiten im Alltag zu etablieren, mit denen es uns einfach besser geht. Im nächsten Kapitel erhalten Sie viele wertvolle Tipps, wie Sie zum Beispiel Ihre Gehirnleistung mit wenig Aufwand auf Vordermann bringen – und dabei ganz nebenbei einen wichtigen Schritt machen, um Ihren Geist fit und gesund zu halten.

SO ERHALTEN SICH AUFGESCHLOSSENE MÄNNER DIE GEHIRNLEISTUNG

Mentale Leistungen verschlechtern sich mit dem Alter – das ist die schlechte Nachricht. Es gibt aber auch eine sehr gute Nachricht, denn einige Leistungen werden im Lauf der Zeit sogar besser! Das menschliche Gehirn kann auch im Alter noch dazu lernen, denn die Fähigkeit, neue Nervenverbindungen aufzubauen, bleibt prinzipiell bis ins Alter erhalten (5).

Geht es darum, Erfahrungen zu verwerten und daraus etwas abzuleiten – man spricht dann von kristalliner Intelligenz –, dann schlägt ein älterer Mensch den Jungen recht deutlich, wie in Studien belegt wurde. Und auch neue Fähigkeiten wie zum Beispiel eine neue Sportart kann man im Alter problemlos noch erlernen. Vielleicht brauchen Sie etwas länger als der junge Supersportler im Fitnessstudio, aber Sie werden trotzdem zum Erfolg kommen, wenn Sie am Ball bleiben.

So wie Sie Ihren Körper trainieren, können Sie auch Ihr Gehirn schulen. Ein "Jogging" für das Gehirn ist dabei nicht einmal nötig. Ein erfüllendes Berufsleben oder eine gehobene Schulbildung sind zum Beispiel gute Voraussetzungen dafür, dass Ihr Gehirn gut trainiert und geübt ist – also überhaupt keine Zeit hatte, den gefürchteten "Rost" anzusetzen. Regelmäßiges Lesen, anregende Hobbys und viele soziale Kontakte genügen schon, um Ihrem Gehirn Tag für Tag genügend Leistung abzuverlangen, damit es fit bleibt.

Möchten Sie noch etwas mehr tun, ist Gehirnjogging natürlich eine gute Wahl (6). Dabei handelt es sich um ein paar Übungen, die Ihren Kopf auf Trab bringen. Ob Sie sich für Spiele, für ein Quiz oder für Rätsel entscheiden, liegt natürlich auch daran, was Sie gerne machen. Dabei trainieren Sie spielerisch Ihre kognitiven Fähigkeiten. Sie merken sich Zahlen, Sie verbessern Ihre Gedächtnisfähigkeit und Sie optimieren Ihre sprachliche Ausdrucksfähigkeit. Spiele wie Bingo oder Stadt-Land-Fluss machen

Spaß und lassen sich sehr gut mit Freunden oder in der Familie spielen.

Gehirnjogging ist aber auch ideal, wenn Sie alleine aktiv werden wollen. Spiele wie Sudoku kann man online am PC oder am Smartphone spielen und den Schwierigkeitsgrad dabei langsam steigern. Dazu brauchen Sie keine Vorbereitung, Sie können also direkt beginnen. Auf Webseiten wie Mental-aktiv-Übungen.de finden Sie monatlich neue Anregungen, sodass Ihr Gehirnjogging niemals langweilig wird. Schließlich braucht Ihr Gehirn – ebenso wie der Körper – bei sportlichen Aktivitäten gelegentlich ein wenig Abwechslung. Auch Brettspiele, Legespiele oder Gesellschaftsspiele sind optimal, um das Gehirn immer wieder mit neuen Anregungen zu füttern und in Bewegung zu halten. Vielleicht haben Sie aber auch Freude am Rätseln, denn das können Sie ebenfalls optimal alleine machen. Im Kapitel "Einen eigenen wirkungsvollen Trainingsplan aufstellen" erhalten Sie noch viele weitere Tipps und erfahren, wie Sie Ihren ganz persönlichen Trainingsplan selbst zusammenstellen.

Unterstützen können Sie das natürlich mit gesunder Ernährung! Vergessen Sie dabei allerdings die üblichen Empfehlungen für Nahrungsergänzungsmittel, die angeblich im Alter so hilfreich sein sollen. Den gleichen

Effekt erzielen Sie mit einer gesunden und ausgewogenen Ernährung, die übrigens sehr lecker schmeckt! Es gibt einige Nahrungsmittel, die für das menschliche Gehirn ausgesprochen gesund sind. Man bezeichnet sie als "Brain Food", denn sie erhalten die Mikronährstoffe, die das Gehirn fit halten. Dazu zählen zum Beispiel die Vitamine der B-Gruppe, Vitamin C, Zink, Magnesium, Niacin und Pantothensäure. Die sogenannte "Mittelmeerdiät" ist zum Beispiel äußerst gesund und lecker und ideal für alle, die ihr Gehirn mit den wichtigen Bausteinen versorgen wollen (7). Viel Obst und Gemüse, frischer Fisch, wenig Fleisch und Vollkornprodukte ergänzt um hochwertiges Öl mit Omega-3-Fettsäuren bilden zum Beispiel eine gute Basis für eine Ernährung, die eigentlich keine Diät im engeren Sinne ist, sondern eine Form der Ernährung, die man ein ganzes Leben lang genießen kann. Der Begriff der "Mittelmeerdiät" ist abgeleitet aus den Nahrungsmitteln, die man überwiegend in Italien, Griechenland, Spanien und Kroatien findet – im Mittelmeerraum eben. In diesen Ländern bleibt ein hoher Anteil der Menschen bis ins Alter gesund und man führt das auf die besondere Art der Ernährung zurück.

Mehr Sport und die richtige Ernährung für ein gesundes Hirn – das mag sich im ersten Augenblick nach harter Arbeit anhören. Und wir wollen Ihnen nichts vormachen, denn – es ist harte Arbeit! Wissenschaftler haben herausgefunden, dass Sie einen ganz bestimmten Fehler nicht mehr machen sollten, wenn Sie im Ruhestand fit bleiben wollen: Sie dürfen sich nicht mehr in Ihre Komfortzone zurückziehen und nach den ersten Bemühungen aufgeben! (8). Vielmehr gehört zu einem gesunden und aktiven Kopf im Alter permanente Arbeit und die Bereitschaft, sich immer wieder neuen Herausforderungen und Anreizen zu stellen. Sie müssen Ihre bekannten Routinen und Ihre gewohnten Abläufe verlassen, denn nur dann werden Sie wachsen. Wissenschaftler gehen davon aus, dass Sie nach Ihrer Komfortzone zunächst in eine Angstzone geraten, in der alles neu und fremd ist (9). Erst danach kommt die Lernzone, an die sich die Wachstumszone anschließt. Um wirklich zu wachsen, müssen Sie alle Zonen durchlaufen. Das klingt nach harter Arbeit, gibt Ihnen aber auch die Chance, Ihr ganzes Potenzial auszuschöpfen.

Wenn das nun aber danach aussieht, als müssten Sie auf jeden Spaß und jede Freude verzichten, um im Alter fit zu bleiben, dürfen wir Sie beruhigen: Im Kapitel "Ein sinnvolles und aufregendes Leben führen" stellen wir Ihnen eine ganze Menge Anregungen vor, wie Sie immer wieder neue Impulse in Ihren Alltag ziehen und damit ganz automatisch das tun, was Ihr Gehirn zu immer neuen Höchstleistungen anspornt!

ES MUSS NICHT IMMER DAS SIXPACK SEIN

… um lange gesund zu leben. Beim Stichwort "Sport" oder "Fitnessstudio" denken die meisten Menschen wohl zuerst an durchtrainierte Männer mit dem berühmten Sixpack, mit muskelbepackten Armen und Beinen und mit einer breiten Brust. Wahrscheinlich haben auch Sie sofort den Bodybuilder vor Ihrem inneren Auge, der stöhnend schwere Gewichte, Hanteln und lange Eisenstangen hebt. Doch genau das muss gar nicht unbedingt sein.

Mediziner sind sich heute weitgehend darüber einig, dass eine ausgewogene Kombination von Muskel- und Ausdauertraining ideal ist, um den Körper im Ruhestand fit zu halten. Konzentrieren Sie sich also bitte nicht nur darauf, Ihre Kondition zu verbessern, sondern arbeiten Sie ganz gezielt auch mit Hanteln und an den Geräten. Ein Fitnessstudio bietet Ihnen natürlich den Vorteil, dass Sie hier alle Geräte an einem Platz haben und zu jeder Jahreszeit trainieren können. Sie sind nicht wetterabhängig und haben somit auch keine Ausrede, wenn es wieder einmal kalt und regnerisch ist.

Sowohl beim Krafttraining als auch beim Ausdauertraining ist es wichtig, dass Sie langsam einsteigen. Lassen Sie sich von einem erfahrenen Trainer einen Plan erstellen, der auf Ihre individuellen Problemzonen und auf Ihre sportlichen Ziele zugeschnitten ist.

Wollen Sie ohne Trainer aktiv werden, achten Sie darauf, dass Sie beim Krafttraining alle Muskelgruppen ansprechen. Vielleicht gibt es in Ihrem Fitnessstudio einen Kraft-Ausdauer-Zirkel, er ist für Einsteiger ideal, weil man meist an acht Geräten die Kraft ebenso trainiert wie die Ausdauer. Die Geräte sind so entwickelt, dass neben den großen Muskelgruppen wie Arme, Bauch, Rücken und Beine auch die kleineren Muskeln wie Bizeps und Trizeps angesprochen werden. Mit einer einzigen Übung trainieren Sie dadurch mehrere Muskeln und sparen dadurch wertvolle Zeit. Zwei Einheiten Krafttraining pro Woche zu etwa 45 Minuten genügen. Ergänzen Sie unbedingt mit zwei Einheiten Ausdauertraining auf dem Laufband, auf dem Ergometer oder auf dem Fahrrad. Falls Sie unter Gelenkproblemen leiden, probieren Sie aus, welche Geräte Ihnen besonders guttun, und versuchen Sie gelegentlich, für ein wenig Abwechslung zu sorgen. Eine Einheit Ausdauertraining sollte etwa 30 Minuten umfassen. Achten Sie auch darauf, nicht jeden Tag zu trainieren, denn die Muskeln brauchen ebenso wie die Sehnen und Gelenke Zeit, um sich zu regenerieren. Schritt für Schritt werden Sie so feststellen, wie Ihre Muskeln langsam kräftiger werden und wie Sie sich insgesamt einfach wohler fühlen.

Wenn Sie nun gar kein Typ für das Fitnessstudio sind, können Sie natürlich auch zu Hause trainieren. Es gibt heute eine Reihe von Online-Fitnessstudios, Yogaschulen und Co., und auch auf YouTube finden Sie viele ansprechende und sehr gute Kanäle von erfahrenen Sportlern und Physiotherapeuten. Auf diesen Kanälen sind unterschiedlichste Videos zu finden, die Sie zu Hause nachturnen können. Für viele Übungen benötigen Sie übrigens weder schwere Gewichte noch weiteres Zubehör. Die klassischen Übungen aus der guten alten Sportstunde wie zum Beispiel Liegestütz oder Klappmesser sind auch heute noch äußerst wirkungsvoll und verfehlen den gewünschten Effekt nicht, wenn Sie mehrmals in der Woche rund 30 bis 45 Minuten aktiv sind. Vielleicht verbinden Sie Ihr Work-out zu Hause mit einem regelmäßigen Besuch im Schwimmbad. Wechseln Sie sich beim Brustschwimmen und beim Rückenschwimmen ab und versuchen Sie gerne, pro Einheit 1.000 Meter zu absolvieren. Bewegung im Wasser ist äußerst gelenkschonend und daher auch geeignet, wenn Sie gelegentlich zu Schmerzen in den Gelenken oder auch zu Übergewicht neigen. Im Kapitel "Einen eigenen wirkungsvollen Trainingsplan aufstellen" zeigen wir Ihnen weitere Tipps, wie Sie Ihren ganz persönlichen Plan zusammenstellen.

Sehr viel Freude macht auch Bewegung in der freien Natur. Fahrradfahren, Walken, Joggen oder auch nur flottes Spazieren machen sehr viel Freude, wobei Sie durchaus auch allein aktiv sein können. Gehen Sie gerne mit offenen Augen durch die Natur und freuen Sie sich an bunten Blumen, fremden Pflanzen und kleinen und größeren Tieren. Atmen Sie tief und entspannt ein und aus und hören Sie auf das Gezwitscher der Vögel. Sie dürfen sicher sein, dass Sie nach einer Runde im Wald oder auf dem Feld völlig entspannt sind und mit vielen neuen Anregungen nach Hause kommen!

EINEN EIGENEN WIRKUNGSVOLLEN TRAININGSPLAN AUFSTELLEN

Sie haben nun eine ganze Menge Tipps bekommen, wie Sie sich geistig und körperlich fit halten. Jetzt gilt es, diese Tipps zu einem Trainingsplan zusammenzufügen. Dazu gehen Sie am besten in drei Schritten vor:

1. Überlegen Sie, welche Sportarten Ihnen besonders viel Spaß machen.
2. Planen Sie jeden Tag ein festes Zeitfenster für Ihre körperliche Fitness ein.

3. Ergänzen Sie mehrmals wöchentlich um eine Einheit für Ihre geistige Fitness.

Doch wie gehen Sie diese drei Schritte am besten an?

1. Für welchen Sport begeistern Sie sich?
Wahrscheinlich haben Sie schon ein paar Ideen, was Ihnen Freude machen könnte. Sie haben früher im Fitnessstudio trainiert und wollen wieder einsteigen? Suchen Sie sich eine Einrichtung in Ihrer Nähe und legen Sie los. Sie waren vom Sport im Verein begeistert? Schauen Sie sich um, wo es Kurse für Senioren gibt. Sie schwimmen gerne, lieben Fahrradfahren und machen gerne Gymnastik zu Hause? Suchen Sie sich im Internet die schönsten Onlinekurse aus.

2. Vereinbaren Sie einen Termin mit sich selbst
Diesen Tipp kennen Sie vielleicht noch aus Ihrem Berufsleben. Versuchen Sie, jeden Tag zwischen 45 und 60 Minuten aktiv zu sein und denken Sie auch an die Abwechslung. Auch der schönste Sport wird irgendwann langweilig, wenn Sie jeden Tag die gleichen Übungen machen. Wechseln Sie Kraft- und Ausdauertraining ab und legen Sie zwischendurch einen Tag Pause ein, an dem Sie einen kleinen Spaziergang machen.

3. Rätsel, Spiele und Co. runden Ihren Plan ab

Auch für Ihre geistige Fitness dürfen Sie einen Termin mit sich selbst fest im Kalender einplanen. Eine Stunde pro Tag genügt und Sie sorgen wiederum für Abwechslung. Vermutlich wissen Sie recht genau, ob Sie gerne Rätseln, Onlinespiele machen oder Stadt-Land-Fluss spielen. Dieser Termin darf gerne am Abend stattfinden, wenn Sie mit der ganzen Familie zusammen sind, aber auch am Nachmittag ist sicher noch ein bisschen Platz in Ihrem Kalender übrig.

Nachdem Sie nun wissen, wie Sie Ihren eigenen Trainingsplan erstellen, heißt es nur noch: die Komfortzone verlassen und am Ball bleiben. Wahrscheinlich gehen Sie mit viel Elan ans Werk, um dann nach einigen Tagen ein wenig nachzulassen. Das ist grundsätzlich in Ordnung, sollte aber nicht zur Gewohnheit werden. Wenn Sie heute keine Lust haben oder sich nicht wohlfühlen, machen Sie ganz einfach morgen weiter. Um eine neue Gewohnheit fest im Leben zu verankern, sind etwa drei Wochen nötig. Diese Zeit sollten Sie sich also durchaus geben, bis Sie sich an Ihre ganz persönlichen Termine gewöhnt haben und diese Zeit für sich selbst fest in Ihren täglichen Ablauf einplanen. Ganz wichtig: Haben Sie Spaß dabei und genießen Sie das Gefühl, sich selbst etwas Gutes zu tun!

GESUNDHEIT AUF NATÜRLICHEM WEG ERHALTEN

Um sich im Ruhestand fit zu halten, gibt es selbstverständlich sehr viele verschiedene Wege. Sicher haben Sie einen guten Arzt für Allgemeinmedizin, der Sie seit vielen Jahren betreut. Er kennt Sie mit den kleinen und großen Beschwerden, die sich mit zunehmendem Alter häufig bemerkbar machen. Wenn Sie das große Glück haben, bisher eher selten in einem Wartezimmer zu Besuch zu sein, ist es jetzt an der Zeit, sich einen erfahrenen Allgemeinmediziner zu suchen. Doch nicht immer muss man sofort zum Arzt gehen, wenn es irgendwo zwickt oder zwackt. Das Interesse daran, sich auf natürlichem Weg gesund zu halten, wächst immer mehr und vielleicht ist es auch für Sie ein interessanter Ansatz, etwas mehr für Ihre Gesundheit und Ihr Wohlbefinden zu tun.

Sich auf natürlichem Weg gesund zu halten, kann unglaublich viele Ausprägungen haben. Auf der einen Seite gibt es Heilpraktiker, die sich hervorragend mit homöopathischen Behandlungen auskennen. Hier liegt ein großer Hebel, um leichte bis mittlere Beschwerden gut in den Griff zu bekommen. Es muss also nicht immer der Griff zur Tablette sein, um einen kleinen Schmerz zu lindern. Ein guter Heilpraktiker deckt eine ganze Reihe von Heilmethoden ab, die zum Teil auch von den Krankenkassen anerkannt und gezahlt werden. Besonders zu empfehlen ist natürlich ein Fachmann, der auf Senioren spezialisiert ist. Doch selbst wenn es einen solchen Homöopathen in Ihrer Nähe nicht gibt, bietet sich ein Heilpraktiker mit einer allgemein ausgerichteten Ausbildung für Patienten aller Altersklassen natürlich als erster Kontakt an.

Auf der anderen Seite können Sie bei leichten Beschwerden, aber auch selbst aktiv werden. Manchmal hilft schon eine Recherche im Internet, um ein natürliches pflanzliches Mittel zu finden. Selbstverständlich können Sie auch in die Apotheke Ihres Vertrauens gehen und um ein Medikament mit natürlicher Wirkung bitten. Sie haben also eine ganze Menge Möglichkeiten, zuerst selbst aktiv zu werden, um sich selbst wieder zu kurieren.

Zum natürlichen Heilen gehören aber auch ganz einfache Methoden. Eine Prellung behandelt man vielleicht mit einer kalten Kompresse aus dem Eisfach, bei einer Verspannung hilft schon eine Sitzung unter der Rotlichtlampe. Einen verstimmten Magen bringt man mit Zwieback und Kamillentee wieder zur Ruhe, und bei Kopfschmerzen genügt häufig schon ein wenig Pfefferminzöl, das man auf die Stirn und die Schläfen gibt sowie ein wenig Ruhe in einem dunklen Raum.

Sicher fallen Ihnen selbst noch weitere kleine Beschwerden ein, die man ganz natürlich lindern kann, weil man die Tipps und Tricks schon seit vielen Jahren kennt. Sofern Sie selbst regelmäßig unter bestimmten Problemen leiden, wissen Sie vermutlich auch recht gut, mit welchen natürlichen Mitteln Sie dagegen vorgehen können. Wichtig ist das Verständnis und die Bereitschaft, nicht sofort zur Tablette zu greifen, sondern kleine Beschwerden erst einmal so natürlich wie möglich zu lindern und nicht mit Chemie in den Organismus einzugreifen. Nahezu jede Tablette muss vom Körper wieder abgebaut werden, was eine Belastung von Leber, Nieren und Co. nach sich zieht. Wenn Sie darauf verzichten können, tun Sie sich selbst und Ihrem Körper ganz nebenbei etwas Gutes und belasten ihn nicht unnötig.

GESUNDHEIT IST DAS WICHTIGSTE GUT

"Der Geist hat nur einen Ort zum Leben, den Körper. Daher ist es eines der wichtigsten Dinge im Leben, gesund zu bleiben!" Es ist ein Spruch, den man sehr leicht daher sagt, ohne darüber nachzudenken. Doch es steckt eine Menge Wahrheit dahinter, denn es geht darum, bis ins Alter fit und leistungsfähig zu bleiben. Wenn das gelingt, bleibt viel Raum für Lebensfreude, die man gerne mit der

Familie und mit vielen Freunden teilt. Gelingt das nicht, mag das Leben mühsam erscheinen und zur Last werden. Es ist ungleich schwerer, in einem kranken Körper mit Würde alt zu werden als in einem gesunden Körper. Deshalb lohnt es sich, diese äußere Hülle so lange wie möglich in Ordnung zu halten, sie zu pflegen und alles dafür zu tun, dass sie gesund und fit bleibt.

Wer bis in den Ruhestand gesund bleibt und nur selten eine Arztpraxis von innen sieht, darf sich glücklich schätzen. Eine stabile Gesundheit ist nicht selbstverständlich und nicht jeder ist mit diesem wertvollen Gut gesegnet. Häufig weiß man erst dann richtig zu schätzen, wie viel Glück man eigentlich hat, wenn sich plötzlich das eine oder andere Zipperlein bemerkbar macht. Gerade junge Menschen haben oft wenig Verständnis dafür, dass man im Alter langsamer wird und an Kraft verliert. Wenn es dann etwas länger dauert, bis ein älterer Mensch neue Dinge begreift oder erlernt, zieht das häufig die Ungeduld der Jugend nach sich. Nicht selten gibt es in den Familien Diskussionen, wenn die Eltern älter werden und zum Beispiel Neuerungen in den Bereichen Technik oder Computer nicht so schnell verstehen oder nutzen wollen. Erst wenn man selbst etwas älter wird und sich ein paar Beschwerden bemerkbar machen, wird man vielleicht ein bisschen nachsichtiger und geduldiger.

Doch auch schon in jungen Jahren darf man das hohe Gut einer stabilen Gesundheit schätzen und schützen. Sie ist nicht selbstverständlich, wie man häufig nicht erst im Alter feststellt. Gerade deshalb allerdings sollte man sich bemühen, möglichst frühzeitig etwas für die eigene Gesundheit zu tun. Man sollte sich fit und leistungsfähig halten und schädigende Einflüsse so weit wie möglich eliminieren.

Die gute Nachricht ist allerdings, dass man auch mit zunehmendem Alter noch etwas für sich tun kann. Es ist also nie zu spät, den enormen Wert der eigenen Gesundheit zu schätzen und daran zu arbeiten. Im Vergleich zu vielen anderen Dingen wie Arbeit, Geld oder Besitz jeglicher Art darf man sicher berechtigt sagen, dass Gesundheit an erster Stelle steht. Wer gesund ist, kann arbeiten gehen und Geld verdienen. Wer klug mit seinem Geld umgeht, kommt dann in der Regel im Lauf der Jahre auch zu einem gewissen Besitz. Ist diese Gesundheit aber nicht gegeben, kann man vielleicht auch nicht oder nur eingeschränkt arbeiten und Geld verdienen. Geld wiederum ist eine wichtige Voraussetzung für viele andere Dinge, die überwiegend mit Konsum zusammenhängen. Ist man allerdings krank, kann man Gesundheit leider manchmal nicht einmal mit Geld kaufen, wie so mancher Schwerkranke im Lauf seines Lebens leidvoll feststellt. Gerade deshalb geht nichts über die eigene Gesundheit als das Wertvollste, was wir besitzen.

VITAMINVERSORGUNG

Das Versprechen klingt verheißungsvoll: Man nimmt täglich eine Tablette mit den wichtigsten Vitaminen als Nahrungsergänzung und bleibt dann von körperlichen Gebrechen verschont. Leider ist es nicht so einfach, denn nicht alle Vitamine und Mineralstoffe lassen sich in Form von Tabletten wirkungsvoll zuführen – und längst nicht jedes angepriesene Nahrungsergänzungsmittel ist sinnvoll und hilfreich (10). Als Anhaltspunkt gilt, dass eine ausgewogene Ernährung in der Regel ausreicht, um den Bedarf an Vitaminen und Mineralstoffen zu decken. Optimal ist eine jahreszeitgerechte und lokale Ernährungsweise. Doch welche Nährstoffe sind im Alter eigentlich besonders wichtig?

Der gesundheitliche Zustand von Senioren ist häufig sehr unterschiedlich. Ein gesunder Mann im Ruhestand benötigt grundsätzlich kaum andere Nährstoffe als ein jüngerer Mensch. Von großer Bedeutung sind zum Beispiel die körperliche Aktivität, Übergewicht oder auch der Missbrauch von Alkohol und Nikotin.

Medizinisch nachgewiesen ist unter anderem ein gewisses Risiko der Unterversorgung mit dem wichtigen Vitamin D. Das liegt daran, dass ein älterer Organismus Sonnenstrahlen nicht mehr so gut in Vitamin D umwandeln kann. Jeden Tag für etwa 30 Minuten in die Sonne zu gehen, kann sich als sehr hilfreich erweisen. Wer das nicht schafft oder aus gesundheitlichen Gründen nicht so häufig nach draußen kann, sollte mit seinem Arzt Rücksprache halten, ob die Zufuhr von Vitamin D sinnvoll ist. Auch die Aufnahme des Vitamins B12 aus der Nahrung kann sich bei älteren Menschen reduzieren. Unter Umständen kann die zusätzliche Versorgung durch Nahrungsergänzungsmittel hilfreich sein.

Damit der Jodhaushalt stimmt, darf einmal wöchentlich Seefisch auf dem Speiseplan stehen. Dazu genügt auch der beliebte Hering aus der Dose. Jodiertes Speisesalz hilft ebenfalls, den Mangel auszugleichen. Wer an seiner Ernährung arbeiten will, achtet darauf, Vitamin D über fette Fischsorten, über Leber oder Eigelb aufzunehmen. Vitamin B12 ist zum Beispiel in Milch und Eiern, in Fisch und Fleisch enthalten. Milchprodukte sichern auch die Versorgung mit Calcium, für genügend Vitamin B6 sorgen ebenfalls Fleisch und Fisch, aber auch Nüsse und Vollkornprodukte. Folsäure findet man in grünem Gemüse, in Tomaten und Vollkornprodukten, Eiweiß ist in

Milchprodukten und Fleisch, aber auch in Hülsenfrüchten und Fisch enthalten.

In der Regel genügt es schon, täglich bis zu drei Portionen mit Gemüse und zwei Portionen mit Obst zu essen. Dazu gehören auch Salat oder Direktsäfte ohne Zucker. Drei Portionen mit unterschiedlichsten Milchprodukten sollten ebenfalls täglich auf dem Plan stehen, dazu gehören 1,5 Liter an kalorienarmen Getränken. In der Woche sollten ein oder zwei Portionen mit Fisch und zwei bis drei Portionen mit Fleisch auf den Tisch kommen. Ein bis drei Eier schaden nicht und eine Portion mit Bohnen, Linsen oder Erbsen darf auch sein.

Wenn Sie darauf achten und diese einfachen Regeln befolgen, ist es in der Regel nicht nötig, zusätzliche Vitamine zuzuführen. Es ist vielmehr wichtig zu wissen, dass viele Nahrungsergänzungsmittel zwar viel Geld kosten, dass sie aber nicht den gewünschten Effekt bringen. Freuen Sie sich deshalb gerne auf eine leckere und selbst gekochte Mahlzeit mit frischen Zutaten als auf Vitamine in Tablettenform. Sie kosten zwar viel Geld, doch den gewünschten Effekt bringen sie nur selten.

MENTALE HYGIENE

Innere Ruhe und Gelassenheit stehen nicht nur bei Menschen im Berufsleben hoch im Kurs. Wer im hektischen Alltag bestehen kann, ohne sich dabei zu sehr stressen zu lassen, lebt auf Dauer einfach gesünder und ruhiger. Die Auswirkungen von Hektik und Stress auf den Hormonspiegel, auf den Blutdruck, auf den Herzschlag und damit auf den gesamten Organismus sind hinlänglich bekannt und medizinisch untersucht. Obwohl wir das wissen, gelingt es uns häufig nicht, unseren Alltag so entspannt zu gestalten, dass uns Hektik und Stress nicht schaden. Ein forderndes Berufsleben will mit dem Familienleben unter einen Hut gebracht werden, Freunde und Verwandte fordern ihren Tribut und gelegentlich möchten wir vielleicht auch noch etwas für unsere Gesundheit tun und uns sportlich betätigen. Ein ganz normaler 24-Stunden-Tag mag dann schon einmal etwas kurz erscheinen, um alles zu erledigen, was gerade ansteht. Kurz vor dem Ruhestand oder schon im Ruhestand erinnern Sie sich vermutlich nur allzu gut an solche Phasen in Ihrem Leben, in denen es scheinbar nicht mehr gelingen wollte, allen Anforderungen gerecht zu werden.

Doch gerade in solchen Situationen darf der seelische Aspekt bei unserem ganzheitlichen Ansatz auf keinen

Fall in Vergessenheit geraten. Stress schadet unserem Körper, das gilt besonders, wenn wir ihn als negativ empfinden. Deshalb ist es wichtig, möglichst schon im Berufsleben etwas dafür zu tun, dass man Stress besser in den Griff bekommt und im Idealfall abbaut. Wenn Sie gelassen durch den Alltag gehen und innerlich zur Ruhe kommen, leben Sie auf lange Sicht nicht nur gesünder, sondern schlicht auch glücklicher.

Für den effektiven Stressabbau und damit für Ihre mentale Hygiene – können Sie eine Menge tun. Meditation und Selbsthypnose, Qi Gong, Progressive Muskelentspannung, Waldspaziergänge und Saunagänge sind nur einige Anregungen, die dabei helfen, Stress abzubauen und die dabei ganzheitlich auf den Körper und die Seele wirken.

Sie finden im Internet eine ganze Reihe von Anleitungen und Trainings, die Ihnen dabei helfen, den Einstieg in die Materie zu finden. Schauen Sie sich gerne um und suchen Sie sich dann ein oder zwei Methoden aus, die optimal zu Ihnen passen. Methoden zur seelischen und körperlichen Entspannung gibt es in sehr unterschiedlicher Ausprägung. Eine gute Entspannung erzielt allerdings nur dann ihre volle Wirkung, wenn Sie wirklich zu Ihnen passt. Wer sich gerne bewegt und körperlich aktiv ist, kann mit einer ruhigen Methode wie Meditation oder Selbsthypnose vielleicht nicht so viel anfangen. Eine Methode wie Qi Gong oder die Progressive Muskelentspannung mag dann hilfreicher sein. Wer sich gerne in der Natur bewegt, entspannt bei einem ausgedehnten Waldspaziergang vielleicht am besten, und wer Wärme mag, kommt bei ein oder zwei Saunagängen körperlich und seelisch zur Ruhe.

Informieren Sie sich gerne ausführlich und probieren Sie dann die eine oder andere Methode ganz gezielt aus. Gerade körperbetonte Entspannungsmethoden wie Qi Gong oder die Progressive Muskelentspannung muss man zuerst erlernen, und auch Meditation oder Selbsthypnose erzielen vermutlich nicht sofort den gewünschten Effekt. Versuchen Sie trotzdem, eine dieser Entspannungsmethoden in Ihren Alltag zu integrieren. Wahrscheinlich möchten Sie Ihre Übungseinheit schon nach kurzer Zeit nicht mehr missen, weil Sie den beruhigenden Effekt spüren. Damit tun Sie nicht nur Ihrer Seele etwas Gutes, sondern vor allem auch Ihrem Herz-Kreislauf-System und damit dem gesamten Körper. Fragen Sie auch bei Ihrer Krankenkasse nach Kursangeboten. Oftmals werden die Kosten übernommen.

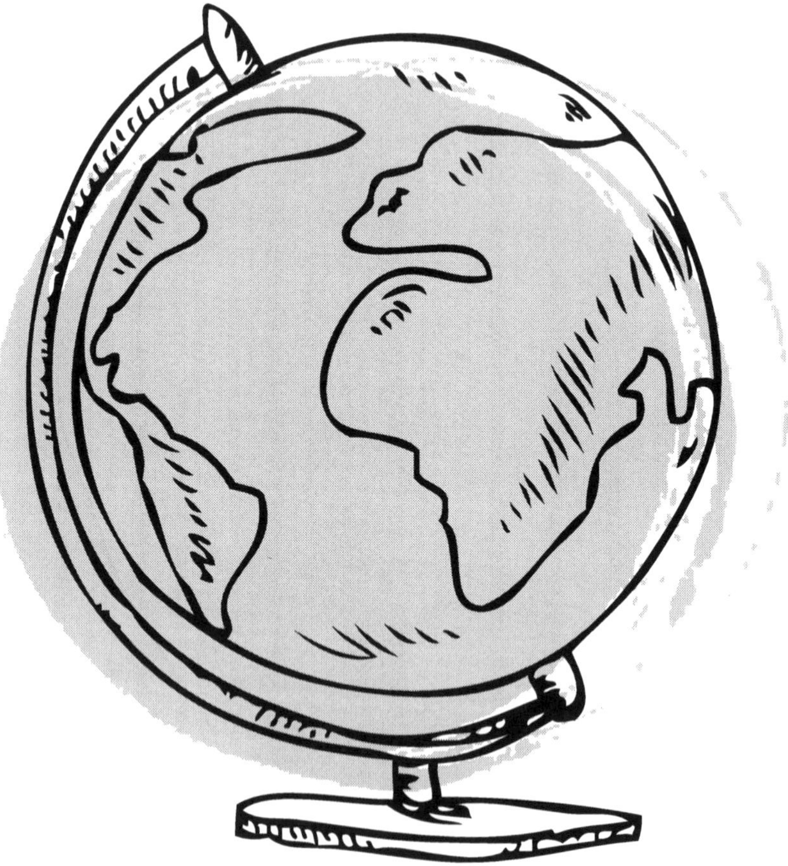

EIN SINNVOLLES UND AUFREGENDES LEBEN FÜHREN

Das klingt spannend – ein sinnvolles und aufregendes Leben zu führen! Doch was ist das eigentlich – und wie stellt man es an? In erster Linie ist ein sinnvolles und aufregendes Leben das, was Sie sich darunter vorstellen und was Sie daraus machen! Ihre Vorstellungen mögen zum Beispiel ganz anders aussehen als die Ihrer Frau, als die Ideen von Freunden oder Bekannten und als die Vorstellungen von Kollegen. Doch gerade deshalb ist es wichtig, sich gerne schon vor dem Ruhestand darüber Gedanken zu machen, was man mit der neu gewonnenen Zeit anstellen möchte. In diesem Kapitel geben wir Ihnen ein paar spannende Anregungen, doch was Sie am Ende daraus machen, liegt natürlich ganz bei Ihnen. Wir sind allerdings sicher, dass Ihre Ideen noch viel besser sind als unsere Impulse, und deshalb gilt: Genießen Sie diese Zeit und machen Sie das Beste daraus, was auch immer das nach Ihrer persönlichen Vorstellung ist!

Bei allem, was Sie sich überlegen, dürfen Sie gerne schon im Hinterkopf haben, dass Sie im Ruhestand eigentlich sehr viel freie Zeit haben sollten. Das jedenfalls meint man in der Regel, denn schließlich fällt die gesamte Zeit weg, die Sie sonst am Arbeitsplatz und für die Hin- und Rückfahrt zur Arbeit benötigen. In der Praxis sieht es vermutlich etwas anders aus. Sie kennen sicher den Satz, dass "Rentner niemals Zeit haben". Wenn man selbst noch aktiv im Berufsleben steht, mag das völlig unverständlich klingen. Doch sobald Sie selbst ein paar Wochen zu Hause sind, werden Sie genau das feststellen: Sie haben kaum noch Zeit und haben vielleicht sogar nicht einmal Zeit für die Dinge, die Sie sich jetzt so gerne vorgenommen haben.

Das liegt schlicht daran, dass Ihr Tagesablauf nun anders ist. Sie stehen vermutlich morgens etwas später auf und lassen sich mehr Zeit beim Frühstück. Vielleicht geben Sie Ihrem Tag am Anfang noch keine richtige Struktur und leben ein wenig unbekümmert in den Tag hinein. Schließlich konnten Sie genau das viele Jahre lang nicht und möchten Ihre neu gewonnene Freiheit jetzt erst einmal genießen. Sie stellen aber vielleicht schnell fest, dass Ihre freien Tage durchaus vergehen, selbst wenn Sie nichts Außergewöhnliches tun. Sie neigen vielleicht dazu, Ihre Zeit zu verbummeln, indem Sie häufiger im Internet surfen, vor dem Fernseher sitzen oder andere Dinge tun, die in Ihrem Arbeitsleben einfach zu kurz gekommen sind. Es ist völlig in Ordnung, ein paar Wochen oder auch Monate in diesem Stil zu verbringen und einfach in den Tag hinein zu leben. Doch irgendwann sollten

Sie sich einen festen Zeitpunkt setzen, zu dem Sie Ihrem Tag wieder eine Struktur geben möchten. Das ist der Moment, in dem Sie wieder beginnen, ein sinnvolles und erfülltes Leben zu führen. Sinn und Erfüllung werden Sie vermutlich nur spüren, wenn Sie wieder mehr Struktur in Ihren täglichen Ablauf bringen. Wie diese Struktur aussieht und was Sie an sinnvollen und bereichernden Dingen erleben werden, hängt natürlich von Ihnen ab. Mit unseren Anregungen finden Sie ganz sicher viele Ideen, die perfekt zu Ihnen passen und die Ihr Leben im Ruhestand rundherum bereichernd und sinnvoll machen.

WOVON MAN(N) SCHON IMMER TRÄUMT

Ganz sicher gibt es ihn – diesen einen großen Traum, den Sie sich schon Ihr ganzes Leben erfüllen wollen! Sie möchten endlich eine schöne Reise machen? Kümmern Sie sich darum, suchen Sie sich Anregungen und buchen Sie! Sie möchten endlich den Führerschein zum Motorradfahren machen oder eine neue Sportart lernen? Legen Sie los, melden Sie sich gleich an! Oder möchten Sie sich zum Meisterkoch entwickeln und professionell kochen, backen und grillen lernen? Auch das ist in Ihrer freien Zeit jetzt endlich möglich!

Die beste Zeit im Leben, um sich endlich einen lange gehegten Wunsch zu erfüllen, ist – genau jetzt! Sie haben Ihr Berufsleben hinter sich gebracht und endlich mehr Zeit für sich. Die Kinder sind aus dem Haus, und Ihre Partnerin freut sich ganz sicher, wenn Sie nicht nur den ganzen Tag zu Hause sitzen und sich im Haushalt nützlich machen möchten. Einen besseren Zeitpunkt, um sich einen Männertraum zu erfüllen, gibt es in Ihrem Leben vermutlich nicht mehr, denn jetzt haben Sie Zeit, Sie sind weitgehend fit und gesund, und Sie haben vor allem auch die Motivation, noch einmal etwas ganze Neues und Aufregendes zu starten.

Dabei können Männerträume natürlich ganz unterschiedlicher Natur sein. Der eine möchte vielleicht endlich eine Weltreise machen und hat mehrere Jahre Geld gespart, um einmal von Deutschland aus nach Los Angeles, danach weiter nach Hawaii, nach Australien und Neuseeland, nach Singapur und nach einem Zwischenstopp in Indien wieder nach Frankfurt zu fliegen. Vielleicht steht Ihnen der Sinn auch danach, mit dem Zug bis ans andere Ende von Russland zu fahren oder in den Anden zum Wandern zu gehen.

Wenn es nicht das Reisen ist, das bei Ihnen im Vordergrund steht, muss es vielleicht jetzt endlich das neue Motorrad sein, wofür Sie allerdings noch den Führerschein brauchen. Es ist überhaupt kein Problem, im Ruhestand den Motorradführerschein zu machen, denn gerade als Autofahrer hat man ja schon eine gewisse Erfahrung, die es Ihnen leichtmachen sollte, den Einstieg in einer guten Fahrschule zu finden. Aus Ihrer praktischen Erfahrung als Autofahrer heraus lassen Sie die jungen Fahranfänger wahrscheinlich schnell hinter sich und haben den Motorradführerschein innerhalb kürzester Zeit bestanden. Wenn dann noch die erste eigene Maschine auf dem Hof steht, ist der lange ersehnte Männertraum endlich erfüllt.

Es könnte aber auch gut sein, dass Ihnen ganz andere Dinge durch den Kopf gehen. Vielleicht möchten Sie noch einmal die Schulbank drücken und endlich ein Architekturstudium beginnen? Unter Umständen fühlen Sie sich sogar berufen, sich endlich den Doktorhut aufzusetzen und Ihre Doktorarbeit zu schreiben. Möglicherweise wollten Sie schon immer ein eigenes kleines Unternehmen gründen und finden jetzt endlich die Zeit dazu, sich selbstständig zu machen. Vielleicht haben Sie eine künstlerische oder kreative Gabe, die Sie bisher sträflich vernachlässigt haben und die Sie jetzt endlich zu Geld machen möchten. Das macht umso mehr Spaß, weil Sie nicht mehr darauf angewiesen sind und dieses Geld nicht zwingend für Ihren Lebensstandard brauchen. Unter Umständen haben Sie schon immer davon geträumt, sich karitativ zu beschäftigen oder verstärkt in die Ausbildung von jungen Menschen zu investieren. Vielleicht haben Sie persönliche Kenntnisse, die Sie gerne an Schüler oder Auszubildende weitergeben möchten. Ein Engagement in einer sozialen Einrichtung für junge Leute kann unglaublich bereichernd sein und sehr sinnstiftend wirken. Wer sich schon immer für Tiere begeistert hat, findet vielleicht Spaß daran, sich um verwaiste Vierbeiner in Not zu kümmern und unterstützt das örtliche Tierheim aktiv bei der Pflege von Hunden und Katzen.

Letztlich spielt es keine Rolle, wofür Sie sich entscheiden. Natürlich müssen Sie sich nicht nur auf eine Aufgabe konzentrieren. Sie können sich sehr gut in mehreren Projekten engagieren, die auch sehr gegensätzlicher Natur sein können und die sich perfekt ergänzen können. Wichtig ist eigentlich nur, was Sie selbst wollen und was Ihnen am meisten Freude machen wird. Sehr bereichernd ist es natürlich, wenn Sie dabei mit anderen Menschen in Kontakt kommen, sodass auch den sozialen Bedürfnissen Genüge getan ist. Sie können sich Ihren Traum gemeinsam mit Ihrer Partnerin erfüllen, vielleicht ist gerade das aber auch gar keine Option, weil sie sich schlicht nicht dafür interessiert. Ist das der Fall, dürfen Sie sicher sein, dass Sie in Ihrem typischen Männertraum ein Thema finden, über das Sie ihr immer wieder begeistert erzählen werden, selbst wenn sie daran weniger Gefallen findet.

Allein Ihre Begeisterung wird vermutlich schon genügen, damit auch sie ein wenig Freude verspürt, wenn sie Sie so glücklich mit Ihrem neuen Hobby erlebt.

Eines sollten Sie bei Ihren Gedankenspielen unbedingt im Hinterkopf behalten: Einen besseren Zeitpunkt für die Erfüllung Ihrer Männerträume wird es in Ihrem Leben vermutlich nicht mehr geben! Schmieden Sie gerne Pläne, träumen Sie Ihre Träume, aber vergessen Sie nicht, diese auch in die Tat umzusetzen. Nichts wäre schlimmer, als heute zu träumen und die Umsetzung Ihrer Träume immer weiter nach hinten zu schieben.

Es ist eine harte, aber biologisch begründete Tatsache, dass Sie mit etwas Glück bei Ihrem Eintritt in den Ruhestand noch recht gesund sind – doch genau das kann sich im Lauf der Jahre eben leicht ändern. Natürlich können Sie noch viele Jahre sehr gesund und leistungsfähig bleiben, und Sie werden sicher eine Menge dafür tun. Doch die Gewissheit haben Sie leider nicht, deshalb ist es besser, Ihre Träume jetzt zu leben. Denken Sie daran, dass Sie vielleicht Ihr ganzes Berufsleben lang immer davon gesprochen haben, was Sie irgendwann im Ruhestand tun möchten. Nun ist dieser Zeitpunkt da und es gibt deshalb keinen Grund mehr, Ihre Träume weiter auf die lange Bank zu schieben. Es ist eine harte Tatsache, dass das Leben nun einmal endlich ist, und wenn Sie sich jetzt nicht an die Arbeit machen, Ihren Lebenstraum zu verwirklichen, wird das in den kommenden Jahren vermutlich nur noch schwerer werden. Nutzen Sie deshalb Ihre Chance und machen Sie sich daran, Ihren Traum zu verwirklichen. Sie werden sehen, wie viel Kraft und Begeisterung Sie daraus ziehen, und genau diese Lebensfreude ist es wert, dass Sie sich jetzt an die Arbeit machen!

Packen Sie Ihren Traum an, informieren Sie sich, bereiten Sie sich vor und legen Sie sich gerne einen richtigen Plan zurecht, wie Sie Ihr Männerprojekt umsetzen möchten. Sie dürfen übrigens sicher sein, dass Nachbarn, Kollegen und Freunde Sie sehr beneiden, wenn Sie mit Ihrem guten Beispiel vorangehen! Freuen Sie sich also nicht nur darauf, dass Sie Ihren Traum jetzt endlich leben, sondern freuen Sie sich auch über die vielen positiven Rückmeldungen, die Sie aus Ihrem Umfeld ganz sicher erhalten. Vielleicht haben Sie sogar die Chance, den einen oder anderen Bekannten ebenfalls zu motivieren, sich endlich um seinen Männertraum zu kümmern. Damit haben Sie sogar ein gutes Werk getan, über das Sie sich rundherum freuen dürfen.

KREATIVITÄT AKTIVIEREN UND AUSLEBEN

Sie sind gerne künstlerisch aktiv und haben eine kreative Ader? Sie waren schon immer handwerklich sehr interessiert und haben Ihre Wohnung einmal im Jahr selbst renoviert? Oder können Sie sich stundenlang im Garten beschäftigen und dabei die Zeit voll und ganz vergessen? Wer das Glück hat, eine künstlerische oder kreative Ader zu haben, sollte diese schöne Gabe jetzt gerne in vollem Umfang ausleben. Wir geben Ihnen ein paar Impulse, doch die Liste ist natürlich noch lange nicht abschließend, denn Ihrer Phantasie sind hier keine Grenzen gesetzt.

Ganz vorne auf der Liste der beliebten handwerklichen Arbeiten stehen vermutlich Gartenarbeiten. Das Arbeiten an der frischen Luft wirkt auf viele Menschen entspannend und anregend. Nach einem Nachmittag im Garten sind Sie vermutlich sehr erschöpft, doch Sie genießen das gute Gefühl, etwas Sichtbares verbessert zu haben. Vielleicht gehen Sie voller Stolz durch Ihren gepflegten Garten, der nach dem langen Winter endlich wieder ansehnlich aussieht. Vielleicht freuen Sie sich auch darüber, dass alles grünt und blüht, und vielleicht mögen Sie es sogar, Obst und Gemüse anzubauen und Ihrer Frau zum Einkochen und Einfrieren zu überlassen. Das Schöne an Gartenarbeiten ist, dass Sie viel Zeit an der frischen Luft verbringen und dass Sie sich körperlich betätigen. Die Kombination dürfte sich unglaublich wohltuend auswirken, sodass Sie Ihrer Gesundheit etwas Gutes tun. Wenn Sie keinen eigenen Garten haben, ist das übrigens auch nicht schlimm. In vielen Gemeinden gibt es sogenannte "Kleingärtnervereine", über die man kleine Gärten anmieten oder erwerben kann. Vielleicht freut sich aber auch ein Nachbar oder sogar Ihre Kinder darüber, wenn Sie Hilfe im Garten anbieten, weil sie selbst dazu keine Zeit haben. Leben Sie in einem Mehrfamilienhaus mit Garten, können Sie bei der Hausverwaltung fragen, ob Sie sich in Zukunft um die Gartenanlage kümmern dürfen. Sie haben also eine ganze Reihe an Möglichkeiten, sich im Garten zu betätigen, selbst wenn Sie keinen eigenen Garten für sich besitzen.

Wer gerne künstlerisch aktiv wird, schaut sich vielleicht das Thema "Holzarbeiten" genauer an. Holz ist ein sehr natürlicher Werkstoff und lässt sich äußerst vielseitig bearbeiten. Es dürfte unglaublich beruhigend wirken, Holz zu bearbeiten. Dabei können Sie richtig abschalten und Ihren Gedanken freien Lauf lassen. Es macht Freude, wenn durch Ihre Hände aus einem einfachen Stück Holz ein schöner Gegenstand entsteht. Ganz nebenbei haben Sie die Möglichkeit, dadurch Geschenke für Ihre Enkel zu basteln oder Ihre Kinder zu beglücken. Vielleicht bietet es sich sogar an, die Ergebnisse Ihre Arbeit zu verkaufen und das Geld einem wohltätigen Zweck zur Verfügung zu stellen.

Zu den kreativen Hobbys mit Spaßfaktor zählt auch Malen. Vielleicht haben Sie schon in der Schulzeit festgestellt, dass ein kleines Genie in Ihnen steckt, mussten Ihr Hobby jedoch aus Zeitgründen im Erwachsenenalter aufgeben. Unter Umständen möchten Sie sich auch einfach aus Spaß an der Freude an den verschiedensten Maltechniken probieren und mit Wasser-, Öl- oder Stofffarben experimentieren. Malen steht jedenfalls bei vielen angehenden Rentnern sehr weit oben auf der Liste der künstlerischen Hobbys, an denen man sich gerne einmal versuchen möchte. Malen kann wahlweise beruhigen oder anregen und vor allem können Sie Ihren Gedanken und Gefühlen damit Ausdruck verleihen. Zum Einstieg lohnt es sich, einen Kurs an der Volkshochschule zu besuchen oder sich online die wichtigsten Grundkenntnisse und Techniken anzueignen. Dann sind Sie bestens gerüstet, um mit Papier und Stift, mit Wasserfarben oder Ölkreiden aktiv zu werden und Ihre Gedanken in einem wunderschönen Bild festzuhalten.

Natürlich gibt es für Rentner und Menschen im Ruhestand noch viele andere Hobbys, die entweder kreativ, sportlich oder schlicht außergewöhnlich sind. Wenn Sie es ein bisschen ausgefallener mögen, kommt vielleicht eine der folgenden Aktivitäten infrage, um sich künstlerisch zu verwirklichen oder um richtig aktiv zu werden (11). Stockschießen ist zum Beispiel etwas, was viele Rentner sicher nicht im Kopf haben. Stockschießen unterscheidet sich von Curling vor allem dadurch, dass es nicht auf einer Eisbahn durchgeführt wird. Das bedeutet, dass Sie Ihren Sport das ganze Jahr ausüben können. Stockschießen eignet sich auch hervorragend, wenn Sie Ihren Bekanntenkreis erweitern wollen, denn es handelt sich hier um einen Mannschaftssport, und in den Spielpartnern in Ihrer Mannschaft werden Sie vermutlich schnell neue Freunde kennenlernen. In Süddeutschland ist Stockschießen vermutlich häufiger zu finden als im Norden, sodass es gerade im Süden kein Problem sein dürfte, einen Verein zu finden.

Lachyoga ist eine Empfehlung, die Sie unbedingt ausprobieren sollten, wenn Sie Sport, Wellness und Humor miteinander verbinden wollen. Dabei knüpfen Sie fast automatisch neue Kontakte. Mit Lachyoga tun Sie nicht nur etwas für Ihr körperliches Wohlbefinden, sondern auch für Ihre Kreativität und Ihr Energielevel.

Auch Geocaching ist etwas für rüstige Rentner, die gerne aktiv und kreativ sein möchten. Geocaching ist so etwas wie eine moderne Form einer früheren Schatzsuche. Der Schatz wird an einem gut verborgenen Ort versteckt.

Mithilfe der Koordinaten, die man im Internet erhält und dem GPS-Gerät muss der Schatz gefunden werden. Das GPS-Gerät ist meistens das eigene Handy. Der Reiz ist natürlich nicht der Schatz, sondern vor allem die Spielerei und die abenteuerliche Suche. Ehrgeizige Rentner möchten die ersten am Ziel sein, und vielleicht fühlen Sie sich sogar ein bisschen an die Zeiten als Pfadfinder erinnert.

Ähnlich kreativ geht es zu, wenn Sie sich einmal in das Leben im Mittelalter versetzen möchten. In ganz Deutschland gibt es heute Gruppen und Vereine, die sich das Mittelalter zu ihrem Hobby erkoren haben. Dieses Hobby können Sie gut mit Ihrer Partnerin ausüben, denn eine gemeinsame Jagd mit der Armbrust macht natürlich mehr Spaß als ein Ausflug ganz allein. Außerdem haben Sie so die Möglichkeit, mehr Zeit gemeinsam zu verbringen.

Auf der Liste der kreativen Hobbys recht weit oben stehen dürfte auch das Musizieren und das Singen. Ob Sie sich nun als Rockröhre versuchen wollen, ob Sie noch einmal in einer Band spielen möchten, ob Sie mit dem Singen beginnen oder endlich Klavierspielen lernen, bleibt natürlich Ihnen überlassen. Nutzen Sie gerne Ihre freie Zeit und machen Sie Musik, singen Sie oder lernen Sie ein neues Instrument. Vielleicht kommen Sie sogar auf den Gedanken, eine Rentnerband zu gründen, um im Kreis von mehreren Musikbegeisterten voll aufzudrehen. Musik macht Freude, sie entspannt, sie sorgt für Geselligkeit und ganz sicher finden Sie damit schnell neue Freunde, die Ihre Interessen teilen. Hören Sie sich gerne in Ihrer Umgebung um, ob es dort eine Rentnerband gibt, die Verstärkung sucht. Auch die örtlichen Gesangsvereine freuen sich vielleicht über Verstärkung. Wenn das Angebot in Ihrer Region eher überschaubar ist, werden Sie vielleicht selbst aktiv und gründen einen eigenen Verein oder mindestens eine Gruppe von anderen Musikliebhabern, mit denen Sie gemeinsam aktiv werden. Sie stellen vermutlich bald fest, wie viel Freude es macht, wenn Sie musikalisch begabt sind und sich dabei so richtig verausgaben können.

Vielleicht fallen Ihnen auch noch weitere Ideen ein, wie Sie sich künstlerisch betätigen können und Ihrer Kreativität freien Lauf lassen können. Was immer Ihnen einfällt und wie auch immer Sie sich entscheiden, bleibt natürlich Ihnen überlassen. Wichtig ist nur, dass Sie Freude daran finden und dass Sie eine Tätigkeit finden, die Sie in Ihrer Freizeit richtig ausfüllt. Im besten Fall lernen Sie dadurch natürlich auch noch neue Freunde und Bekannte kennen und erweitern so den Horizont mit einer Tätigkeit, die Ihnen rundherum Freude macht.

Wenn Sie sich für kreative Hobbys weniger begeistern können, steht vielleicht noch ein großes Abenteuer oder auch eine spannende Reise auf dem Plan. Auch solche Ideen gehören dazu, wenn man ein aktives und erfülltes Leben im Ruhestand führen will.

BEFREIENDE REISEN FÜR DIE SEELE ODER DOCH EIN AUSSERGEWÖHNLICHES ABENTEUER

Für die einen ist es eine Weltreise, für die anderen die Reise im Wohnmobil ans Nordkap, der Nächste wollte schon immer die Campingplätze in Frankreich kennenlernen und das Savoir-vivre genießen. Sie müssen kein bekennender Weltenbummler sein, doch wahrscheinlich gibt es eine Reihe von Reisen, die Sie in den letzten Jahren immer wieder verschoben haben und für die nun endlich Zeit ist. Die Liste der Ideen ist unerschöpflich, doch wir stellen Ihnen hier ein paar Anregungen vor, die Sie nach Belieben weiterentwickeln können, um zu Ihrer ganz persönlichen Traumreise zu kommen oder Ihren Abenteuerurlaub zu finden (12).

Der schönste Grund, um einen Reisewunsch endlich zu verwirklichen, ist wohl der Folgende: Im Ruhestand haben wir endlich die Muße, uns noch einmal neu zu entdecken. Bei einer Reise im Ausland geht das wunderbar. Sie haben jetzt die Chance, neue Kulturen kennenzulernen, und ganz nebenbei stellen Sie durch einen Klimawechsel sogar eine Besserung des einen oder anderen Wehwehchens fest. Reisen tut Körper und Seele gut, und Sie werden so viele neue Anregungen erhalten, dass Sie vielleicht sogar auf neue Gedanken für Ihr Leben kommen. Dabei spielt es keine Rolle, ob Sie allein, mit Ihrer Partnerin oder mit einer Gruppe unterwegs sind. Sie lassen auf einer Reise in eine unbekannte Welt einfach Ihren Alltag hinter sich. Sie haben die Chance, neue und spannende Dinge kennenzulernen und sich sogar noch ein bisschen weiterzuentwickeln.

Angefangen bei der gemütlichen Kanutour durch Kanada über die Safari in der kenianischen Steppe bis zu einem Aufenthalt in einem Eskimo-Iglu oder der Wanderung durch die tunesische Wüste reicht die Liste der Anregungen, die lange noch nicht abschließend ist. Wenn Sie sich am Anfang vielleicht noch nicht für Tauchen in Australien oder für einen Besuch in einem buddhistischen Tempel in Thailand erwärmen können, finden Sie auch in Europa viele schöne Ziele. Vielleicht sind Sie geschichtlich oder kulturell sehr interessiert, vielleicht begeistern Sie sich für spektakuläre Landschaften. Europa ist landschaftlich und auch klimatisch äußerst abwechslungsreich, sodass

Sie sicher das richtige Ziel für sich finden. Denken Sie nur an die spektakulären Fjorde in Norwegen, an die weiten Seen in Schweden und an die wunderschöne Landschaft der Toskana, und Sie stellen schnell fest, wie abwechslungsreich Europa ist. Angefangen bei der jeweiligen Landesküche bis zu den geografischen Gegebenheiten reicht das Spektrum, und es ist so vielseitig, dass Sie ganz sicher viele schöne Orte für die nächsten Reisen finden. Vielleicht möchten Sie eine der großen Metropolen Europas erkunden, vielleicht kommt ein Aktivurlaub infrage, vielleicht steht auch eine Bildungsreise auf dem Programm.

Solche Reisen können Sie selbst organisieren und durchführen. Viel mehr erfahren Sie aber meist, wenn Sie sich für eine Gruppenreise von einem Veranstalter entscheiden. Nicht jeder mag eine Gruppenreise im großen Kreis, deshalb gibt es viele Touren für Minigruppen, die auch mit fünf bis zehn Teilnehmern durchgeführt werden. Solche Reisen haben den Vorteil, dass Sie weitgehend unter sich sind, und eine kleine Gruppe ist insgesamt einfach leichter zu führen und zu managen.

Kreuzfahrten sind eine weitere Empfehlung für die Generation 50 plus oder 60 plus. Innerhalb von kurzer Zeit lernen Sie mehrere Städte und Länder kennen und treffen dabei natürlich auch auf viele nette Leute. Wenn Sie an einer Tour durch das Mittelmeer oder an die Nordsee kein Interesse haben, können auch außergewöhnliche Reisen in Frage. Spitzbergen oder Grönland erfreuen sich zum Beispiel einer zunehmenden Nachfrage, und wenn Sie es ganz ausgefallen mögen, bietet sich auch eine Kreuzfahrt zum Südpol an. Abhängig von Ihrer Abenteuerlust haben Sie unglaublich viele Möglichkeiten, die aber alle gemein haben, dass Sie viele schöne Anregungen erhalten werden, die Sie vielleicht sogar dazu bringen, Ihr Leben in einem ganz anderen Licht zu sehen und nach dieser Reise viele bisher gewohnte Dinge zu überdenken. Nutzen Sie diese Chance, und entscheiden Sie sich jetzt für eine außergewöhnliche Reise, die schon immer auf Ihrem Plan stand und die Sie mangels Zeit niemals verwirklichen konnten. Die perfekte Zeit dazu ist genau jetzt in Ihrem Ruhestand.

EINFACH MAL AUSWANDERN

Für viele Menschen ist es der Lebenstraum schlechthin, wenn man irgendwann im Urlaub einen Ort gefunden hat, der besonders gut gefällt: Hier möchte man seinen Lebensabend verbringen. Häufig entscheiden sich Rentner für einen Ort mit niedrigeren Lebenshaltungskosten als in Deutschland. So hat man mehr von der Rente und genießt ein Leben, das in Deutschland kaum möglich wäre. Es gibt einige Länder, die sehr typisch sind für Auswanderer, wie man an der großen Zahl der Deutschen feststellt, die dort leben. Wenn es nicht infrage kommt, auf Dauer auszuwandern, gibt es noch andere Möglichkeiten. Vielleicht entscheiden Sie sich, den kalten deutschen Winter an einem schönen Ort im Süden zu verbringen, vielleicht ziehen Sie aber auch an einen Ort in Deutschland, an dem Sie schon immer leben wollten. Wie auch immer Sie sich entscheiden – Sie dürfen sicher sein, dass sich Ihr Leben grundlegend ändert.

Jahr für Jahr werden unglaublich viele Renten ins Ausland gezahlt. Im Jahr 2019 wurden zum Beispiel über 246.000 Renten an deutsche Rentner im Ausland überwiesen (13). Das erscheint auf den ersten Blick nicht sehr viel, doch die Zahl der Menschen, im Ruhestand auswandern, steigt seit einigen Jahren stetig an. Vergleichsweise haben wir in Deutschland rund 18,27 Millionen Menschen die älter als 65 Jahre sind. Jedoch werde 25,8 Millionen Renten ausgezahlt (13a). Der größte Teil der Renten geht in die Schweiz, danach folgen Österreich und die Vereinigten Staaten von Amerika. Doch auch Spanien oder Thailand stehen hoch im Kurs bei deutschen Rentnern. Wer einmal die Gelegenheit hatte, im Winter einen Urlaub auf den Kanaren zu verbringen und sich zum Beispiel Gran Canaria ausgesucht hat, dürfte angesichts der vielen vermieteten kleinen Wohnungen überrascht sein. Mieter sind überwiegend Rentner aus Deutschland, die ihren Lebensmittelpunkt hierher verlegt haben.

Ob Auswandern in ein anderes Land infrage kommt, ist natürlich eine sehr individuelle Entscheidung. Sie will gut überlegt sein, denn wenn der Umzug erst einmal organisiert und durchgeführt ist, wird es sehr aufwendig, die Dinge wieder rückgängig zu machen. Ausschlaggebend sind zum Beispiel die politische und wirtschaftliche Stabilität des Traumlandes. Die medizinische Versorgung sollte gut sein, dabei ist zu bedenken, dass man als Rentner damit rechnen muss, häufiger einen Arzt aufzusuchen. Ganz wichtig ist natürlich auch die sprachliche Verständigung. Wenn Sie ins Ausland gehen, sollten Sie sicher sein, dass Sie sich in der Landessprache austauschen können. In der Schweiz oder in Österreich ist das natürlich kein Problem, anders sieht es unter Umständen in einem Land aus, in dem Sie die Landessprache nicht beherrschen. Sollten Sie hier noch Probleme haben, muss wenigstens die Bereitschaft und die Möglichkeit vorhanden sein, die eigenen Sprachkenntnisse so bald wie möglich auszubauen.

Wenn ein Umzug für Sie nicht denkbar ist, kommt vielleicht ein Standortwechsel im kleineren Stil für Sie in Betracht (14). Den Ruhestand nutzen viele Menschen, um der kalten Jahreszeit in Deutschland zu entfliehen und im warmen Süden zu überwintern. Wie wäre es zum Beispiel, vier bis sechs Monate des Jahres in Gran Canaria oder im Süden von Portugal zu verbringen? Wenn Sie in Maspalomas oder in den kleinen Dörfern an der Algarve einmal mit offenen Augen spazieren gehen, entdecken Sie vermutlich viele eher unscheinbare Mehrfamilienhäuser mit Wohnungen zur Miete. Diese Wohnungen werden in den Monaten November bis März gerne von Rentnern aus Deutschland angemietet. Sie sind mit allem nötigen Komfort ausgestattet, und in der näheren Umgebung dieser Häuser befindet sich alles, was man für den täglichen Bedarf braucht. Im Vergleich zu Deutschland sind die Lebenshaltungskosten hier meist etwas niedriger. Sie sollten also mit Ihrer Rente durchaus gut über die Runden kommen und im Ausland davon sogar recht gut leben können. Werden die Wohnungen zur Miete angeboten, heißt das für Sie, dass Sie sich gerade während der Sommermonate um nichts kümmern müssen, denn als Mieter haben Sie keinerlei Verpflichtungen.

Wenn eine Mietwohnung für Sie nicht das Mittel der Wahl ist, entscheiden Sie sich vielleicht für ein hübsches Hotel. Viele Hotels an der Algarve oder in Südspanien haben ganzjährig geöffnet, weil sie für Touristen aus Deutschland zum Überwintern geeignet sind. Für einen Langzeiturlaub von mehreren Monaten bieten viele Hotels sogar sehr günstige Preise an. Da die Kosten für die Anreise nur einmalig zu zahlen sind, können Sie im Vergleich zu einem 14-wöchigen Urlaub einen sehr preiswerten Aufenthalt verbringen, müssen sich aber wiederum um nichts kümmern. Sofern aus gesundheitlichen Gründen nichts dagegen spricht, können Sie sich durchaus für ein paar Monate aus Deutschland verabschieden. Die meisten Verpflichtungen können Sie vermutlich auch vom Ausland aus online oder per E-Mail erledigen, das heißt, dass Sie eine sehr entspannte Zeit im Winter im warmen Klima verbringen können. Wenn also auswandern nicht die optimale Option für Sie ist, bietet sich vielleicht das Überwintern an. Ganz nebenbei könnte es sein, dass sich gesundheitliche Probleme bessern oder sogar ganz verschwinden, wenn Sie ein paar Monate in warmen südlichen Gefilden verbringen und dort die Seele baumeln lassen.

Zieht es Sie nicht so sehr ins Ausland, könnte das Auswandern im kleineren Stil eine Alternative sein! Vielleicht gibt es einen Ort in Deutschland, an dem Sie schon immer gerne leben wollten. Vielleicht mussten Sie aus beruflichen Gründen auch Ihren Standort wechseln und Ihren Heimatort verlassen. Im Ruhestand besteht dann die Gelegenheit, wieder nach Hause zurückzuziehen oder an einen anderen schönen Ort zu ziehen, der Ihnen schon immer gut gefallen hat. Vielleicht zieht es Sie an die Nordsee oder die Ostsee, vielleicht steht Bayern mit den Alpen oder dem Chiemsee oder ein beliebiges anderes ansprechendes Urlaubsgebiet in Deutschland auf dem Plan.

In jedem Fall will ein solcher Umzug gut überlegt werden. Einerseits können Sie sich damit einen Lebenstraum verwirklichen, andererseits sollte Ihre Partnerin natürlich auch von der Idee begeistert sein. Ein zufriedenes und sinnvolles Leben hängt sehr davon ab, ob man sich in der jeweiligen Umgebung wohlfühlt. Prüfen Sie deshalb die Vor- und Nachteile eines Umzugs sehr genau und entscheiden Sie dann in Ruhe, ob diese Option für Sie denkbar ist oder nicht. Wenn Sie sich aus vollem Herzen dazu bekennen und die Dinge Schritt für Schritt angehen, dürfen Sie sicher sein, dass Ihr Leben in der nächsten Zeit ganz sicher nicht langweilig wird.

Sie haben nun eine ganze Menge Anregungen bekommen, wie Sie im Ruhestand ein sinnvolles und erfülltes Leben führen können. Verstehen Sie diese Anregungen gerne als das, was sie sein sollen: als Impulse, die Sie zum Nachdenken bringen wollen. Es gibt noch einen weiteren Impuls, der durchaus enorme Auswirkungen in positiver, aber auch in negativer Hinsicht nach sich ziehen kann und der deshalb eine gewisse Sonderstellung einnimmt. Vielleicht haben Sie schon länger das Gefühl, dass Ihr Leben eigentlich nicht Ihr Leben ist – und dass Sie sich nicht wirklich rundherum zu Hause fühlen in Ihrem eigenen Leben. Wenn Sie sich wünschen, Ihr Leben endlich nach Ihren eigenen Bedürfnissen zu führen, dann ist das ein sehr valider Gedankengang. Ein paar Ideen und Überlegungen dazu möchten wir im nächsten Kapitel mit Ihnen teilen.

DAS LEBEN NACH DEN EIGENEN BEDÜRFNISSEN UMKREMPELN

In gewisser Hinsicht sollten fast alle Anregungen aus den letzten Kapiteln einen Anstoß geben, Ihr Leben noch stärker nach Ihren Bedürfnissen zu gestalten. Wer Familie hat und mitten im Berufsleben steht, hat nun einmal nicht die Freiheit, sein Leben nach den eigenen Wünschen zu gestalten. Immer wieder heißt es, Rücksicht zu nehmen und die eigenen Vorstellungen vom perfekten Leben hinter den Bedürfnissen der Kinder und des Partners zurückzustellen. Vielleicht kommt gerade deshalb im Ruhestand noch einmal der Gedanke auf, alles neu und anders zu machen. Die Vorstellung, auszuwandern und in einem anderen Land zu leben, kommt diesem Ansatz schon sehr nahe. Doch der Wunsch, jetzt endlich das eigene Leben in den Vordergrund zu stellen und nach den eigenen Vorstellungen zu leben, geht noch deutlich weiter. Bevor wir ein paar Ideen mit Ihnen teilen möchten, wollen wir zunächst auf die Vorteile eingehen, aber auch auf die Nachteile, die sich aus einer radikalen Änderung der Lebensumstände ergeben könnten.

Falls Sie schon länger das Gefühl haben, dass Ihr Leben eigentlich nicht Ihr Leben ist, dann ist es jetzt mit dem Eintritt in den Ruhestand der beste Zeitpunkt, daran endlich etwas zu ändern. Jetzt sind Sie wahrscheinlich noch relativ gesund, Sie fühlen sich jung und rüstig und sind bereit, noch einmal von vorne anzufangen. Kleine gesundheitliche Probleme haben Sie weitgehend im Griff, Sie sind vermutlich finanziell abgesichert und haben Ihr kalkulierbares Einkommen in der Rente. Eine eigene Immobilie ist vielleicht vollständig abgezahlt, sodass Sie sich einen soliden Lebensstandard leisten können, der Ihrem bisherigen Standard entspricht. Trotzdem macht sich Unzufriedenheit breit, weil Sie den Eindruck haben, etwas in Ihrem Leben verpasst zu haben. Wenn nicht jetzt – wann dann? Diese Frage kann und muss man sich beim Eintritt in den Ruhestand stellen. Es ist völlig in Ordnung, dass Sie sich jetzt darüber Gedanken machen, denn einen besseren Zeitpunkt gibt es nicht mehr.

Wenn Sie nun aber noch einmal ganz von vorne anfangen wollen und Ihr Leben grundlegend umwandeln möchten, dann kann das auch Nachteile haben. Vielleicht bedeutet das, dass Sie Ihre Familie oder Ihre Partnerin verlassen müssen. Vielleicht brechen Sie alle Brücken hinter sich ab, um noch einmal die große Freiheit zu genießen. Vielleicht verlieren Sie ein sicheres Umfeld, das Ihnen enorme Geborgenheit gibt, auf die Sie dann verzichten müssten. Vielleicht kommen finanzielle Einbußen auf Sie zu. Unter Umständen bedeutet dieser Neuanfang auch, dass Sie sich mit lieben Menschen überwerfen oder sich mindestens vorübergehend zurückziehen oder verabschieden müssen, weil sie nicht mehr in Ihr Leben passen. Darüber müssen Sie sich im Klaren sein, wenn Sie noch einmal einen Neustart wagen.

Bevor Sie das tun, sollten Sie alle Vor- und Nachteile gut und sorgfältig gegeneinander abwägen. Bedenken Sie, welche Konsequenzen es nach sich ziehen kann, wenn Sie jetzt noch einmal von vorne beginnen. Überlegen Sie sich auch, ob Sie das möchten und ob Sie bereit sind, diese Konsequenzen zu tragen. Wägen Sie gerne ab, ob Sie sich für den Rest Ihres Lebens die Frage stellen müssen "Was wäre, wenn ..." und was passiert wäre, wenn Sie Ihrem Impuls nachgegeben hätten. Stellen Sie dieser Überlegung auch den Gedankengang gegenüber, wie Sie sich vielleicht ganz ohne Familie bei einem Neuanfang fühlen werden.

Sind diese Abwägungen getroffen, kommen Sie am Ende zu einer Entscheidung, die in jede Richtung ausfallen kann. Im Prinzip ist jede Entscheidung richtig, solange Sie dahinter stehen und für sich glauben, dass es so in Ordnung für Sie ist. Treffen Sie also Ihre Entscheidung, machen Sie sich an die Umsetzung und stehen Sie dazu – was immer auch passiert. Man sagt, man kann nur bereuen, was man nicht getan hat – insofern dürften Sie keine Reue empfinden, wenn Sie Ihr Leben endlich so gestalten, wie Sie sich das schon immer gewünscht haben. Stellt sich Ihre Entscheidung am Ende als Fehler heraus, dann stehen Sie dazu – nur um sich dann gerne darum zu bemühen, Schadensbegrenzung zu betreiben, um die Scherben, die nach dieser falschen Entscheidung bleiben, so gut wie möglich zusammenzukehren.

Nachdem wir uns nun einen Augenblick mit den möglichen negativen Auswirkungen einer radikalen Änderung Ihres Lebens beschäftigt haben, lohnt es sich, den Gedanken der Möglichkeiten noch einmal aufzugreifen. Wir möchten Ihnen deshalb ein paar Ideen vorstellen, wie so ein völlig neues Leben im Ruhestand aussehen könnte. Wenn Sie selbst schon Ihre eigenen Vorstellungen haben – umso besser! Beschäftigen Sie sich damit und gehen Sie ans Werk, denn jetzt ist der richtige Zeitpunkt dazu!

Vielleicht träumen Sie schon seit Ihrer Jugendzeit davon, sich eine Ranch mit vielen Tieren im Wilden Westen zu kaufen? Sie möchten Ihren Lebensabend mit Pferden,

Rindern und anderen Vierbeinern verbringen und sich damit endlich einen lange gehegten Wunsch erfüllen. Vielleicht zieht es Sie aber auch auf eine wunderschöne Insel in Thailand, wo Sie ein Restaurant für deutsche Spezialitäten eröffnen möchten. Natürlich haben Sie vor, den Rest Ihres Lebens dort zu verbringen, und am liebsten möchten Sie die Feinheiten der deutschen Küche an Reisende und an Einheimische auf Ihrer kleinen Insel vermitteln. Es könnte aber auch sein, dass Sie sich für die Unterstützung eines SOS-Kinderdorfs entscheiden und vor Ort in Afrika helfen möchten. Vielleicht wünschen Sie sich sogar ein kleines Patenkind, das Sie nicht nur mit finanziellen Mitteln unterstützen, sondern dass Sie vor Ort kennenlernen und mit Ihrer Lebenserfahrung begleiten. Oder wie wäre es mit dem Umzug in den hohen Norden von Norwegen oder Schweden, um dort ein Leben zu führen, wie es bei den Einheimischen seit Jahrhunderten üblich ist? Die Landschaft ist unglaublich schön, und die Ruhe und die unendlichen Weiten lassen Sie Abstand gewinnen von Ihrem hektischen Berufsleben.

Möglicherweise sind es aber auch eher die kleinen Änderungen, die Ihr Leben endlich so machen, wie Sie sich das immer gewünscht haben. Sie möchten Ihren Lebensstil anpassen an das Leben der indischen Yogis und zukünftig nach den Lehren des Ayurveda in seiner Reinform leben? Sie entscheiden sich dafür, einen Bauernhof mit Biolandwirtschaft zu übernehmen und zu führen, weil Sie mit mehr Nachhaltigkeit etwas für die Umwelt tun wollen? Vielleicht zieht es Sie aber auch in ein eher asketisches Leben in einem Kloster, um dort zu Ruhe und Gelassenheit zu finden.

Sie sehen, es gibt unglaublich viele Ideen und Möglichkeiten, wie Sie Ihr Leben im Ruhestand umkrempeln können. Wichtig ist lediglich, dass Sie Ihre Chance jetzt nutzen, denn der richtige Zeitpunkt ist, wie Sie schon wissen, genau jetzt!

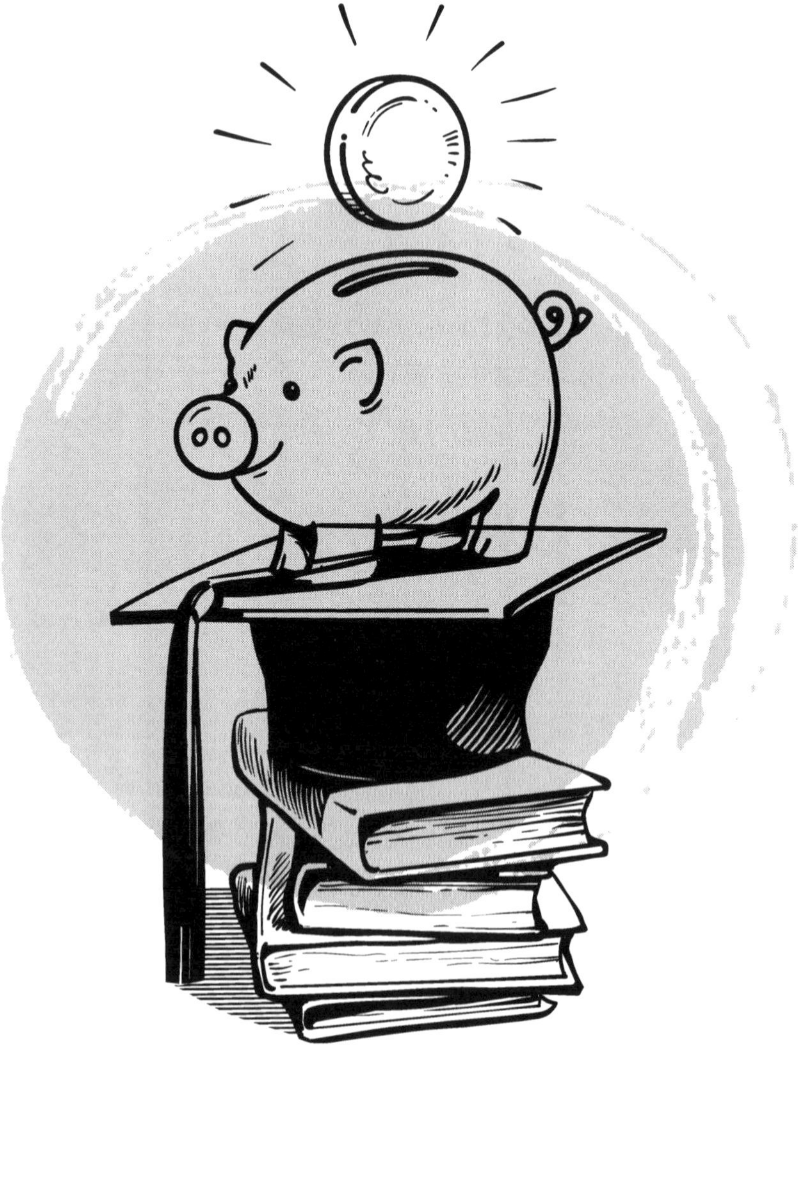

FINANZEN EINFACH MANAGEN UND AUFBESSERN

Ob im Ruhestand oder schon vorher im Berufsleben: Wohl jeder wünscht sich, dass man die eigenen Finanzen jederzeit im Griff behält. Wird es vorübergehend einmal eng, sehnt man sich nach einfachen und verständlichen Wegen, das Einkommen etwas aufzustocken. Und natürlich soll das Management der Finanzen einfach, verständlich und transparent sein.

Ob das gelingt, hängt natürlich ein wenig von der individuellen Situation ab. Wenn Sie zum Beispiel ein eigenes großes Haus besitzen und mehrere kostenpflichtige Hobbys ausüben, müssen Sie tendenziell mit höheren Kosten rechnen als ein Rentner, der in einer kleinen Mietwohnung lebt und keine Hobbys hat. In gewisser Hinsicht können Sie also durchaus selbst Einfluss nehmen auf die Höhe Ihrer Ausgaben und auch auf die Komplexität. Vielleicht haben Sie sich sogar schon ein oder zwei Jahre vor dem Eintritt in den Ruhestand überlegt, dass Sie Ihre Finanzen langsam, aber sicher vereinfachen möchten und Ihr Finanzmanagement ein wenig verschlanken möchten und transparenter halten wollen. Das ist absolut in Ordnung und sehr lobenswert, denn wer will sich im Ruhestand schon ständig um unzählige

Rechnungen kümmern, die ins Haus flattern! Wenn Sie hier also schon ein wenig vorbeugen konnten, wird es im Ruhestand leichter, alle Ausgaben im Griff zu behalten und auch weniger Zeit für das Management der Finanzen aufzuwenden.

Doch selbst wenn das bisher nicht gelungen ist, stellt der Übergang in den Ruhestand einen guten Zeitpunkt dar, zu dem man sich eine Vereinfachung der persönlichen Finanzen vornehmen kann. Vielleicht kann die eine oder andere Ausgabe entfallen, die Sie bisher immer gezahlt haben, vielleicht möchten Sie das eine oder andere Zeitungsabo kündigen, das Ihnen nichts mehr bedeutet. Schauen Sie sich also gerne einmal Ihre laufenden Ausgaben pro Monat an und werfen Sie einen gründlichen Blick auf Ihren Kontoauszug. Ganz sicher fällt Ihnen der eine oder andere Posten ins Auge, den Sie eigentlich nicht mehr benötigen.

Damit ist es aber noch nicht genug. Rentner haben nämlich mehrere Möglichkeiten, ihre Ausgaben klug zu optimieren. Selbstverständlich wollen Sie dabei auf nichts verzichten und keine Abstriche machen. Bevor wir uns mit den Möglichkeiten beschäftigen, lohnt es sich, noch einmal den Rentenbescheid in die Hand zu nehmen. Schauen Sie sich gerne einmal genau an, wie groß die Differenz zwischen Ihrem bisherigen Einkommen und

Ihrer jetzigen Rente ist. Vergessen Sie auch die zusätzlichen Leistungen wie Renten aus einer betrieblichen oder einer privaten Altersvorsorge nicht. Im Idealfall stellen Sie gerne Ihre heutigen Einnahmen im Ruhestand einmal zusammen und stellen die Ausgaben gegenüber. So bekommen Sie recht schnell ein gutes Gefühl dafür, ob Ihre finanzielle Lage entspannt ist oder ob es doch ein wenig eng werden könnte am Monatsende. Je früher Sie hier maximale Transparenz haben, desto leichter ist es für Sie, steuernd einzugreifen. Verschaffen Sie sich deshalb frühzeitig diese Klarheit, denn Sie werden vermutlich feststellen, dass es Ihnen ein gutes Gefühl gibt, wenn Sie wissen, dass Ihre Rente jeden Monat sicher ausreicht und dass Sie sogar noch ein wenig Geld zur freien Verfügung haben. Sollte das nicht der Fall sein, haben Sie als Rentner einige Möglichkeiten, Ihr Einkommen aufzustocken. Was Sie darüber wissen müssen und wie Sie am besten vorgehen, erfahren Sie in diesem Kapitel. Zuvor haben wir aber noch ein paar interessante Tipps für Sie, wie Sie Ihre Ausgaben pro Monat klug optimieren, ohne dabei allerdings auf Leistungen zu verzichten.

AUSGABEN CLEVER OPTIMIEREN, OHNE ZU VERZICHTEN

Einsparungen sind in Ordnung, solange sie nicht dazu führen, dass Sie herbe Einschnitte bei Ihrem Lebensstandard machen müssen. Vermutlich haben Sie schon in Ihrem Berufsleben darauf geachtet, Preise beim Einkaufen zu vergleichen und ein Auto bei einem Händler zu erwerben, der Ihnen einen angemessenen Rabatt anbietet. Vielleicht haben Sie Ihre Versicherungsverträge regelmäßig überprüft und dabei immer wieder ein attraktives Sparpotenzial entlarvt. Sie kennen sicher schon den einen oder anderen Trick, wie man Geld sparen kann, ohne dabei auf Leistungen zu verzichten. Wir stellen Ihnen in diesem Kapitel eine ganze Reihe von Tipps vor, wie Sie in der Rente Geld sparen können und Ihre Ausgaben dadurch klug optimieren können, ohne Ihren gewohnten Lebensstandard zu verschlechtern.

Rentner haben zum Beispiel in vielen Bereichen des täglichen Lebens Chancen auf Rabatte (15). Rabatte für Senioren stammen eigentlich aus einer Zeit, in denen man im Ruhestand nur ein geringes Einkommen hatte. Durch solche Rabatte sollte es Rentnern ermöglicht werden, weiterhin am sozialen Leben teilzunehmen. Tendenziell mögen viele Rentner heute finanziell besser gestellt sein als in früheren Generationen. Dennoch gibt es auch heute viele ältere Menschen, die dringend auf alle Möglichkeiten zum Sparen angewiesen sind, die ihnen aufgrund ihres Alters zustehen. Und auch wenn Sie das große Glück haben, im Ruhestand finanziell recht gut gestellt zu sein, nutzen Sie sicher gerne die Möglichkeiten, wenn Ihnen ein Rabatt aufgrund Ihres Alters angeboten wird. Ganz nebenbei sind Sie als Ruheständler für viele Unternehmen auch eine attraktive Zielgruppe, denn Rentner sind heute häufig noch sehr aktiv und agil. Sie reisen und sind sportlich und gesellschaftlich aktiv und sollen mit attraktiven Rabatten gelockt werden. Es ist deshalb nur fair, wenn Rentner gute Rabatte erhalten und diese auch nutzen.

Schauen wir uns zuerst den Bereich Versicherungen und Banken an. Als Rentner benötigen Sie vermutlich nicht mehr so viele Versicherungen wie als Berufstätiger. Eine Berufsunfähigkeitsversicherung ist zum Beispiel nicht mehr nötig, und auch ein Rechtsschutz für Arbeitnehmer kann häufig entfallen. Überprüfen Sie also Ihre aktuelle familiäre und finanzielle Situation und kündigen Sie Versicherungen, die Sie nicht mehr benötigen. Schauen Sie sich auch Ihren bestehenden Schutz an und fragen Sie bei den Gesellschaften nach, ob dort ein Seniorenrabatt angeboten wird. Wenn Sie weniger mit dem Auto fahren, verringert sich vielleicht auch die Prämie für Ihre Kraftfahrzeugversicherung. Sollten Sie sich nicht sicher sein, welche Absicherung Sie in Ihrem Alter noch benötigen, sprechen Sie gerne einen Makler für Versicherungen an. Er ist der richtige Ansprechpartner, der Ihnen gerne dabei hilft, Ihren Versicherungsschutz zu optimieren.

Fragen Sie auch gerne bei Ihrer Bank nach, ob man dort ein kostenfreies oder günstigeres Girokonto für Rentner anbietet. Allerdings sollten Sie aktiv bei Ihrem Bankberater anfragen, denn Bankkonten werden beim Erreichen der jeweiligen Altersgrenze nicht automatisch auf einen Seniorenvertrag umgestellt.

Sollten Sie häufig mit dem öffentlichen Nahverkehr unterwegs sein oder gerne mit der Bahn fahren, informieren Sie sich ebenfalls rund um die aktuellen Seniorentarife. Aktive Rentner sind für die Bahn und auch für die Gesellschaften des öffentlichen Nahverkehrs sehr attraktive Kunden, für die es fast immer interessante Tarife gibt. Hier liegt ein erhebliches Sparpotenzial für Sie, das Sie auf jeden Fall nutzen sollten. Wer häufig mit der Bahn fährt, entscheidet sich vielleicht für eine Bahncard, die für ältere Menschen ab 60 Jahren deutlich günstiger ist.

Rund um Sport, Kultur und Freizeit gibt es ebenfalls viele Optionen, um Geld zu sparen. Der Klassiker ist sicher der Rabatt auf die Eintrittskarte ins Museum. Auch Karten für Konzerte oder für das Theater gibt es fast immer mit einem ordentlichen Rabatt. Gelegentlich bieten einige Theater sogar nur Vorstellungen für Rentner an, und bei den Rabatten können Sie ordentlich Geld sparen. Ermäßigungen für die Eintrittskarte ins Schwimmbad sind ebenso selbstverständlich wie für Zoos oder Tiergärten. Auch bei Sportveranstaltungen besteht die Chance, einen Rabatt auszuhandeln, ebenso bei den Eintrittsgeldern für Sehenswürdigkeiten. Falls Sie sich selbst nicht sicher sind oder kein Rabatt ausgeschrieben ist, fragen Sie gerne aktiv nach, ob man Ihnen einen Nachlass einräumt! Das gilt übrigens auch für die Mitgliedschaft in Vereinen, die für Senioren ebenfalls oft günstigere Preise anbieten.

Wenn Sie sich noch einmal für eine Weiterbildung entscheiden oder sogar ein Studium aufnehmen möchten, fragen Sie unbedingt nach Nachlässen. Die örtliche Volkshochschule bietet ebenso spezielle Kurse für Senioren an wie viele Hochschulen oder Bildungsträger von Online- und Präsenzveranstaltungen. An manchen Universitäten gibt es sogar besondere Studiengänge mit Nachlässen für ältere Teilnehmer.

Rentner sind für Reiseveranstalter eine sehr interessante Zielgruppe. Viele Reiseveranstalter haben das bereits erkannt und locken mit immer neuen Nachlässen und speziellen Reisen für die sogenannten Best Ager. Schauen

Sie sich gerne im Internet bei den großen Buchungsportalen für Reisen oder Hotels um. Portale wie HRS betreiben regelmäßig Werbung mit Rabatten in einer Größenordnung von rund 20 Prozent für jede Übernachtung. Im deutschen Raum bietet der Verbund 50plus-Hotels für ältere Reisende gute Nachlässe und ein auf die ältere Generation zugeschnittenes Programm an. Das gilt auch für Pauschalreisen von Anbietern wie TUI oder Schauinsland. Zwischen zehn und 20 Prozent Reduzierung sind für Kunden möglich, wenn sie mindestens 55 Jahre oder älter sind. Und sogar die beliebten Wellnessreisen sind für Senioren häufig günstiger. Einige Reiseportale haben sich übrigens ganz speziell auf Senioren spezialisiert und bieten nicht nur gemäßigte Preise, sondern auch entsprechende Reisen für diese Altersklasse an. Das gilt auch für Busreisen, Abenteuerreisen oder Sprachreisen.

Für die meisten Vergünstigungen benötigen Sie übrigens lediglich Ihren Rentnerausweis (16). Sie erhalten Sie mit Ihrem Rentenbescheid, müssen ihn also nicht separat beantragen. Wenn Sie einen Rabatt für Rentner beantragen, ist meist der Ausweis vorzulegen, unter Umständen genügt auch der Personalausweis.

Neben diesen Möglichkeiten, Ihre Ausgaben zu minimieren, um dadurch Ihre Finanzen aufzubessern, gibt es noch die Option, Ihre Rente aufzustocken. Unter Umständen kommt zum Beispiel ein Verzicht auf Ihren Rentenantrag in Frage (17). Haben Sie zum Beispiel das gesetzliche Rentenalter erreicht, kann es sich lohnen, noch etwas länger zu arbeiten. Bevor Sie in Rente gehen, müssen Sie einen Rentenantrag stellen. In vielen Betrieben ist es sogar üblich, das Arbeitsverhältnis zu kündigen, weil es nicht automatisch mit dem Eintritt in das gesetzliche Rentenalter endet. Wenn Sie sich vorstellen könnten, auch über das gesetzliche Rentenalter hinaus noch für Ihren Arbeitgeber tätig zu sein und wenn Sie sich gesundheitlich fit und leistungsfähig fühlen, sprechen Sie mit Ihrem Vorgesetzten, ob das möglich ist. Für jeden Monat, den Sie später in Rente gehen, bekommen Sie einen Zuschlag in Höhe von 0,5 Prozent. Da Sie außerdem in dieser Zeit weiter in die Rentenversicherung einzahlen, erhöht sich Ihr Rentenanspruch noch weiter. Selbst wenn Sie bereits in Rente sind und weiter bei Ihrem Arbeitgeber beschäftigt sind, können Sie sich übrigens in der Rentenversicherung versichern lassen. Dadurch zahlen Sie weiter in die Rentenversicherung ein und erhalten so eine höhere Rentenzahlung. Für Minijobber gelten allerdings andere Regeln. Wenn Sie also lediglich einen Minijob bei Ihrem bisherigen Arbeitnehmer ausführen wollen, klären Sie am besten, ob es Möglichkeiten gibt, Sie weiterhin rentenversicherungspflichtig zu beschäftigen, damit Sie Ihre Rente noch etwas erhöhen können.

Sie haben nun einige Möglichkeiten kennengelernt, durch Rabatte und Nachlässe für Senioren Geld zu sparen und Ihre Ausgaben zu minimieren. Sie wissen, dass Sie Ihre Rente aufbessern können, indem Sie auch nach dem Beginn der Regelaltersrente noch sozialversicherungspflichtig arbeiten. Damit haben Sie eine große Bandbreite an Optionen, Ihre Kosten zu optimieren, ohne auf Leistungen zu verzichten.

Sollte Ihre Rente trotz dieser Bemühungen nicht ausreichen, gibt es natürlich weitere Möglichkeiten, Ihre Ausgaben zu optimieren. Da hier meist der Bereich der Sozialleistungen berührt wird, gelten allerdings ziemlich strenge Auflagen für die Bewilligung.

Sie können zum Beispiel bei der Rundfunkgebühr sparen. Voraussetzung für eine Befreiung von der Gebühr ist allerdings der Bezug von Sozialleistungen. Sollten Sie eine anerkannte Behinderung haben oder können Sie andere Einschränkungen nachweisen, ist diese Befreiung ebenfalls möglich.

Für die Befreiung ist ein Antrag zu stellen, der von der Gebühreneinzugszentrale genehmigt wird. Sollte die Genehmigung erteilt werden, entfallen die Gebühren ab dem Monat, der nach der Beantragung folgt. Unter Umständen wird die Genehmigung mit einer Befristung ausgestellt. In diesem Fall müssen Sie zum Ablauf der Frist einen neuen Antrag auf Befreiung stellen.

Eine Befreiung von der Zuzahlung für die gesetzliche Krankenkasse ist eine weitere Option, um Ihre Ausgaben zu verringern. Wie alle gesetzlich Versicherten müssen Sie eine Zuzahlung leisten. Diese sollte allerdings den "zumutbaren Rahmen" nicht überschreiten. Die Belastungsgrenze beträgt zwei Prozent Ihrer Bruttoeinnahmen. Sofern Sie anerkannt chronisch krank sind, liegt die Belastungsgrenze bei einem Prozent. Ihre Bruttoeinnahmen setzen sich aus Ihrer gesetzlichen Rente sowie betrieblichen oder privaten Renten zusammen zuzüglich aller weiteren Einnahmen wie zum Beispiel aus einer Vermietung. Überschreiten Ihre Zuzahlungen die zumutbare Grenze, können Sie den Rest von Ihrer Krankenkasse erstatten lassen. Wenn Sie aufgrund Ihrer üblichen Zuzahlungen davon ausgehen, den zumutbaren Rahmen erstmals zu überschreiten, sollten Sie vor allem die Belege dazu sammeln. Danach stellen Sie bei Ihrer Krankenkasse einen Antrag auf Befreiung von der Zuzahlung. Der Antrag muss jährlich neu gestellt werden, die Belege über die geleisteten Zuzahlungen müssen Sie dabei einreichen.

Sie haben jetzt eine ganze Menge Informationen erhalten, wie Sie Ihre Ausgaben verringern, ohne dabei auf

Qualität zu verzichten oder Abstriche bei Leistungen zu machen. Die Liste der Möglichkeiten ist sicher nicht abschließend, soll Ihnen aber Anregungen geben, wie Sie Geld sparen können. Zusammengefasst sollte es dadurch möglich sein, Ihren finanziellen Spielraum im Ruhestand zu erweitern.

Natürlich kann es durchaus sein, dass Ihre Rente trotzdem nicht ausreicht, um Ihren Lebensstandard zu halten. Eine Option ist es dann, an der einen oder anderen Stelle zu überlegen, wo Sie bereit sind, Abstriche bei Ihrem gewohnten Standard zu machen. Vermutlich gibt es manche Möglichkeiten, um Ihre Kosten zu reduzieren, selbst wenn dazu gelegentlich ein Verzicht nötig ist.

Ganz anders sieht es aus, wenn Ihre Rente tatsächlich nicht ausreicht, um Ihre Lebenshaltungskosten zu decken. Die Gründe dafür mögen unterschiedlich sein, doch vermutlich ist diese Situation für Sie schon etwas länger absehbar. Der Rentenbescheid, der von der Deutschen Rentenversicherung einmal im Jahr verschickt wird, gibt ebenso unmissverständlich darüber Auskunft wie ein Blick auf Ihre monatlichen Ausgaben im Vergleich zu Ihrer Rente. Wenn sich diese Situation abzeichnet, sollten Sie auf keinen Fall zögern und so schnell wie möglich handeln. Das deutsche Sozialversicherungssystem ist so aufgebaut, dass Menschen eine staatliche Grundsicherung beantragen können, wenn ihre Einnahmen nicht zum Leben ausreichen. Dieses Recht haben selbstverständlich auch Rentner. Im Dezember 2020 haben über 1,1 Millionen Rentner Grundsicherung bezogen, und Experten gehen davon aus, dass diese Zahl in den kommenden Jahren noch steigt (18). Kümmern Sie sich unbedingt frühzeitig um die Beantragung der Grundsicherung, damit Sie nach dem Bezug Ihres letzten Arbeitseinkommens keine unnötig lange Übergangszeit haben, in der Ihre Rente nicht ausreicht. Was Sie rund um die Grundsicherung wissen müssen und welche Besonderheiten für Rentner gelten, erfahren Sie im nächsten Kapitel.

DAS WICHTIGSTE ZUR GRUNDSICHERUNG

"Grundsicherung" – dieser Begriff verunsichert und ruft bei vielen Menschen unangenehme Assoziationen hervor. Man denkt dabei häufig an Menschen ohne Job, an den sozialen Abstieg, an Armut und ganz besonders an Altersarmut. Doch gerade wenn sich abzeichnet, dass das Geld im Alter nicht ausreicht, ist der Bezug von Grundsicherung eine Alternative. Für die Betroffenen ist es sinnvoll, sich frühzeitig über die Grundsicherung zu informieren und auch die Voraussetzungen dafür zu kennen. Was sollte man also rund um die Grundsicherung im Alter wissen?

Wenn die Rente im Alter nicht ausreicht, haben Sie unter bestimmten Voraussetzungen Anspruch auf Grundsicherung (19). Experten gehen heute davon aus, dass viele Senioren aufgrund ihrer Rente einen Anspruch auf Grundsicherung haben, ohne diesen allerdings geltend zu machen. Besonders in den Großstädten sind die Mieten zum Beispiel so hoch, dass man mit einer durchschnittlichen Bruttorente in Höhe von 1.250 Euro monatlich noch einen Anspruch auf einen geringen Zuschuss vom Sozialamt geltend machen kann. Viele Rentner machen diesen Anspruch allerdings nicht geltend. Die Gründe dafür mögen unterschiedlich sein. Sie reichen von Unwissenheit über das Gefühl der Scham bis hin zu der Angst, dass dann die eigenen Kinder vom Sozialamt zur Kasse gebeten werden.

Die offizielle Bezeichnung für die Grundsicherung für Senioren heißt "Grundsicherung im Alter und bei Erwerbsminderung". Somit gelten die Voraussetzungen für die Grundsicherung für Rentner auch für jüngere Menschen mit einer Erwerbsminderung.

Für wen besteht ein Anspruch auf die Grundsicherung im Alter?

Wer die Regelaltersgrenze für den Eintritt in den Ruhestand erreicht hat und seinen Wohnsitz in Deutschland hat, hat einen Anspruch auf Grundsicherung, wenn das Einkommen und das Vermögen so niedrig sind, dass man den Lebensunterhalt daraus nicht finanzieren kann (20). Auf das Einkommen der Kinder greift das Sozialamt erst zurück, wenn sie mehr als 100.000 Euro jährlich verdienen. Bei mehreren Kindern werden ihre Einkünfte getrennt betrachtet. In der Regel geht das Sozialamt davon aus, dass das Einkommen der Kinder unter 100.000 Euro im Jahr beträgt. Sofern Ihre gesamten Einkünfte pro Monat geringer sind als 865 Euro, sollten Sie sich darüber informieren, ob Sie einen Anspruch auf die Grundsicherung im Alter geltend machen können.

Welche Kosten soll die Grundsicherung abdecken?

Die Grundsicherung soll für Ihren nötigen Lebensunterhalt und für Ausgaben für Heizung und Unterkunft aufkommen. Sie soll die Beiträge für die Kranken- und die Pflegeversicherung und für Ihre Vorsorge abdecken. Hinzu kommt ein Mehrbedarf für ausgewählte Personengruppen und zusätzliche Hilfe für Sonderfälle. Einen

Mehrbedarf haben Schwangere und Alleinerziehende und Menschen mit einer Gehbehinderung mit einem Schwerbehindertenausweis, der das Merkmal "G" enthält. Auch für eine krankheitsbedingt aufwendige Ernährung oder für eine dezentrale Warmwasserversorgung kann ein Mehrbedarf geltend gemacht werden.

Wie hoch ist die Grundsicherung?

In welcher Höhe eine Grundsicherung im Alter geleistet wird, richtet sich nach Ihrem Einkommen und nach Ihrem Vermögen. Dabei wird auch ein Einkommen von einem Ehepartner oder von einem Partner in einer eheähnlichen Gemeinschaft oder in einer Lebenspartnerschaft berücksichtigt. Die Grundsicherung setzt sich aus dem Regelbedarf nach dem Arbeitslosengeld II und einem angemessenen Zuschlag für die Wohnkosten zusammen (21). Der Regelsatz nach Hartz IV liegt im Jahr 2021 bei 446 Euro monatlich. In welcher Höhe die Wohnkosten berücksichtigt werden, ist regional unterschiedlich. Da Mieten und Nebenkosten in den Großstädten wie München, Berlin oder Hamburg höher sind als in ländlichen Gebieten, kann der Zuschuss dort höher ausfallen. Im Vergleich dazu werden in den Städten des Ruhrgebiets zum Beispiel niedrigere Mieten gezahlt. Dabei ist zu beachten, dass der Wohnraum angemessen sein muss. Eine alleinstehende

Person erhält somit in der Regel keinen Zuschuss für eine große Wohnung mit drei oder vier Zimmern.

Welche Einnahmen gehören zum Einkommen?

Zu Ihrem Einkommen gehören alle Renten und Pensionen, die Sie im In- oder Ausland beziehen. Dazu gehört auch die Riester-Rente, wobei hier ein Freibetrag besteht. Erhalten Sie Unterhalt von Ihren Kindern, zählt dieser ebenfalls zum Einkommen. Dabei spielt es keine Rolle, ob das Einkommen Ihrer Kinder über 100.000 Euro im Jahr beträgt oder nicht. Weitere anrechenbare Leistungen sind Einnahmen aus Miete und Pacht sowie Krankengeld oder Zinsen.

Nicht zu Ihrem Einkommen gerechnet werden 30 Prozent eines Einkommens aus einer selbstständigen oder einer nicht selbstständigen Tätigkeit, sofern es höchstens 50 Prozent der Regelbedarfsstufe 1 beträgt. Eine Grundrente aus dem Bundesversorgungsgesetz ist ebenfalls nicht anrechenbar. Pflegegeld oder ein Betrag von maximal 250 Euro für steuerfreie Tätigkeiten werden nicht angesetzt. Aus einer freiwilligen Rente ist ein Betrag von mindestens 100 Euro monatlich nicht anrechenbar.

Was zählt zum Vermögen?

Bevor Sie Grundsicherung erhalten, müssen Sie Ihr vorhandenes Vermögen einsetzen. Dazu gehören Bargeld, Sparguthaben, Wertpapiere, Immobilien oder ein Pkw. Nicht Teil des Vermögens sind geringere Barbeträge von maximal 5.000 Euro für Alleinstehende oder 10.000 Euro für Verheiratete, Erbstücke mit einem geringen Verkaufswert, Hausrat oder eine angemessene Wohnung zur Eigennutzung.
Gute Informationsquellen rund um die Grundsicherung im Alter sind zum Beispiel die folgenden Seiten:

www.deutsche-rentenversicherung.de/DRV/DE/Rente/In-der-Rente/Grundsicherung/grundsicherung_node.html

www.hartziv.org/grundsicherung-im-alter-und-bei-erwerbsminderung.html#:~:text=Anspruchs%20bei%20Auslandsaufenthalt-,Das%20Wichtigste%20in%20K%C3%BCrze%3A%20Grundsicherung%20im%20Alter%20und%20bei%20Erwerbsminderung,Kosten%20f%C3%BCr%20Wohnung%20und%20Heizung

Was muss man zum Minijob in der Rente wissen?

Wer im Alter noch gesund ist, möchte seine Rente vielleicht mit einem Minijob aufbessern. Manche Rentner gehen einem Minijob nach, weil sie Spaß daran haben, häufig stehen allerdings auch finanzielle Gründe dahinter. Grundsätzlich hat die Zahl der Rentner in einem sozialversicherungspflichtigen Arbeitsverhältnis in den letzten Jahren immer weiter zugenommen (22). Prinzipiell spricht überhaupt nichts dagegen, wenn Sie Ihre Rente aufbessern, nachdem Sie die Regelaltersrente erreicht haben. Einerseits gibt Ihnen ein Minijob die Gelegenheit, weiter aktiv zu sein und sich nützlich zu machen, andererseits kommen Sie dadurch unter Menschen und bleiben sozial aktiv. Suchen Sie sich gerne einen Nebenjob, der Ihnen Freude macht oder was Sie vielleicht schon immer machen wollten und genießen Sie dadurch einen etwas höheren finanziellen Freiraum.

Wichtige Informationen rund um das Thema Minijob finden Sie auf den Seiten der Minijob-Zentrale:

www.minijob-zentrale.de/DE/01_minijobs/01_basiswissen/02_infos_kompakt_zu/09_rentnern_ruhestand/node.html

Wie funktioniert das Wohngeld?

Wohngeld ist eine weitere staatliche Leistung, die für Rentner infrage kommt. Beim Wohngeld handelt es sich um eine staatliche Leistung, die als Zuschuss zu Ihrer Miete oder zu Ihren Belastungen für Ihre selbst bewohnte Immobilie gezahlt werden (23). In der Regel wird Wohngeld für einen Zeitraum von einem Jahr genehmigt. Nach Ablauf dieser Zeit darf es erneut beantragt werden.

Es wird also zeitlich unbegrenzt bezahlt, sofern die Voraussetzungen für den Bezug erfüllt sind.

Unter welchen Voraussetzungen wird Wohngeld bezahlt?

Ob überhaupt Wohngeld gezahlt wird, hängt unter anderem von der Größe des jeweiligen Haushalts und von der Miete und dem aktuellen Mietenspiegel vor Ort ab. Auch das Einkommen des Haushalts spielt natürlich eine Rolle. Ob es sich lohnt, Wohngeld zu beantragen, ist pauschal schwer zu beantworten. Maßgeblich sind vor allem die regionalen Umstände. In einem Ballungsgebiet mit hohen Mieten gilt als Anhaltspunkt, dass sich ein Antrag für Alleinstehende lohnt, wenn die Rente nicht über 1.150 Euro monatlich beträgt. Für einen Zweipersonenhaushalt kann ein Betrag von 1.500 Euro angenommen werden. Im ländlichen Raum oder im Ruhrgebiet, wo die Mieten traditionell niedriger sind, kann das Einkommen niedriger sein. Hier gelten Einnahmen von 950 Euro monatlich für Alleinstehende und rund 1.300 Euro im Monat für Verheiratete als guter Maßstab.

Wohngeld ist für viele Rentner eine typische Zusatzleistung. Im Jahr 2016 entfiel ein Anteil von rund 50 Prozent der Wohngeldbezieher auf Rentner, rund 300.000 Rentnerhaushalte haben in diesem Jahr Wohngeld bezogen.

Es ist also durchaus üblich, dass Rentner diese staatliche Leistung in Anspruch nehmen, um ihre Einnahmen pro Monat aufzustocken. Das liegt auch daran, dass die Voraussetzungen für den Bezug von Wohngeld niedriger sind als für den Bezug von Sozialhilfe.

Eine strenge Prüfung der Bedürftigkeit ist beim Wohngeld nicht vorgesehen. Von den Ämtern wird zum Beispiel nicht geprüft, ob die Wohnung eine angemessene Größe hat oder nicht. Auch nach dem Vermögen oder nach den Ersparnissen wird in der Regel nicht gefragt. Sie müssen auch nicht nachweisen, wie hoch Ihre Rücklagen für Ihren Ruhestand sind oder welche Rentenversicherungen Sie zusätzlich abgeschlossen haben. Ein großes Vermögen könnte dem Bezug von Wohngeld allerdings entgegenstehen. Ein Zwei-Personen-Haushalt sollte deshalb maximal ein verfügbares Vermögen von etwa 90.000 Euro haben, bei Alleinstehenden liegt die Grenze bei etwa 60.000 Euro. Auch ein Unterhaltsanspruch gegenüber Ihren Kindern wird bei der Bearbeitung Ihres Wohngeldantrags nicht geprüft. Menschen mit Behinderung haben übrigens auch bei einem höheren Einkommen häufig Anspruch auf Wohngeld.

Wie hoch ist das Wohngeld?

Eine pauschale Antwort darauf ist schwer zu geben, denn die Berechnung ist komplex. Einen recht einfach zu bedienenden Onlinerechner findet man bei www.geld-sparen.de.

Weitere Informationen rund um den Bezug von Wohngeld können Sie hier nachlesen: www.wohngeld.org

Es gibt also eine Reihe von Möglichkeiten, Ihre Rente aufzubessern. Wichtig ist, dass Sie sich frühzeitig und aktiv darum kümmern. Wenn sich schon vor dem Eintritt in den Ruhestand abzeichnet, dass Ihre Rente nicht ausreichen könnte, um Ihre Lebenshaltungskosten zu decken, sollten Sie umgehend handeln. Informieren Sie sich rechtzeitig über Grundsicherung im Alter und über Wohngeld. Sofern es Ihre Gesundheit zulässt, schauen Sie sich gerne auch nach einem Minijob um. Gerade rüstige Rentner sind gesucht und können ihre Erfahrung in ganz unterschiedlicher Hinsicht einbringen und erhalten im Gegenzug ein kalkulierbares Zusatzeinkommen.

STEUERN IM RUHESTAND

Das Thema Steuern ist auch für Rentner wichtig. Da sich die individuelle Situation bei jedem Ruheständler unterscheidet, ist es kaum möglich, pauschal anwendbare Tipps zu geben. Hinzu kommt, dass man damit das sehr komplexe Fachgebiet der steuerlichen Beratung betritt, die wiederum nur einem Steuerberater vorbehalten ist und die nur von ihm fachgerecht und kompetent geleistet werden kann. Wenn Sie sich also unsicher sind, wie Sie Ihre ganz persönliche Situation darstellt, können Sie sich selbstverständlich zuerst im Internet in den einschlägigen Quellen informieren. Sind dann noch Fragen offen, lohnt sich meist ein Besuch beim Steuerberater. Er ist der erste Ansprechpartner für Sie und hat sicher auch den einen oder anderen Tipp für Sie, wie man als Rentner Steuern sparen kann. Besonders wichtig ist ein Besuch beim Steuerberater übrigens, wenn Sie planen, Ihre Rente mit einem Nebeneinkommen aufzubessern. Bevor Sie das tun, sollten Sie auf jeden Fall mit ihm sprechen, damit Sie wissen, was auf Sie zukommt. Doch was muss man als Rentner sonst noch rund um das Thema Steuern wissen?

Wann müssen Rentner Steuern zahlen?

Sofern der steuerpflichtige Anteil der Rente höher ist als der aktuelle Grundfreibetrag, müssen Sie als Rentner Steuern zahlen (25). Unter Umständen kommt zum Grundfreibetrag noch der Altersentlastungsbetrag dazu. Im Jahr 2019 hat die Deutsche Rentenversicherung knapp 26 Millionen Renten gezahlt. Die durchschnittliche Rente betrug pro Monat 924 Euro, wie das Bundesministerium für Arbeit und Soziales im Jahr 2019 festgestellt hat. Immer häufiger liest man in der Presse, dass die Zahl der steuerpflichtigen Rentner durch die steigenden Renten zunehmen.

Zur Abgabe der Steuererklärung sind Sie als Rentner verpflichtet, wenn der steuerpflichtige Teil der Bruttojahresrente über dem Grundfreibetrag liegt. Der Grundfreibetrag ist für das Jahr 2021 für einen Alleinstehenden mit 9.744 Euro jährlich festgelegt, Ehepaare können den doppelten Betrag ansetzen. Sofern das Finanzamt Sie dazu auffordert, eine Steuererklärung abzugeben, sollten Sie dieser Aufforderung unbedingt nachkommen. Anderenfalls wird Ihre steuerliche Situation von der Behörde geschätzt, und das führt in vielen Fällen zu einer empfindlich hohen Nachzahlung an Steuern.

Was versteht man unter der nachgelagerten Besteuerung?

Häufig hört man im Zusammenhang mit der Rente den Begriff der nachgelagerten Besteuerung. Sie entstand durch das Alterseinkünftegesetz von 2005. Nachgelagerte Besteuerung bedeutet, dass Renten mit dem persönlichen Steuersatz versteuert werden müssen, wobei die Besteuerung erst ab dem Rentenbezug gilt. Sie müssen also nicht vor dem Rentenbezug bereits Steuern auf die Rente zahlen. Die nachgelagerte Besteuerung gilt für die gesetzliche Altersrente, aber auch für betriebliche Renten und für private Rentenversicherung. Die betriebliche Rente ist ebenso wie die Rürup-Rente oder die Riester-Rente in voller Höhe steuerpflichtig, einen Freibetrag gibt es hier nicht. Angewandt wird jeweils Ihr persönlicher Steuersatz. Im Gegenzug konnten Sie die Beiträge, die Sie während Ihrer Berufstätigkeit in die Renten eingezahlt haben, als Vorsorgeaufwand steuerlich geltend machen.

Was versteht man unter dem Rentenfreibetrag?

Ihr Rentenfreibetrag ist der Teil Ihrer Rente, den Sie nicht versteuern müssen. Maßgeblich für die Höhe des Rentenfreibetrags ist das Jahr, in dem Sie in die Rente gegangen sind. Wenn Sie im Jahr 2021 in Rente gehen, liegt Ihr

Rentenfreibetrag bei 19 Prozent. Das heißt, dass 19 Prozent Ihrer gesetzlichen Rente nicht besteuert werden. 81 Prozent müssen Sie versteuern. Der Rentenfreibetrag bleibt unverändert, er wird einmalig festgeschrieben und bleibt dann auf Dauer stabil.

In den nächsten Jahren geht der Rentenfreibetrag immer wieder zurück. Ab 2040 werden alle Renten in voller Höhe besteuert. Wer im Jahr 2019 in Rente ging, hatte einen Rentenfreibetrag in Höhe von 22 Prozent, der Besteuerungsanteil lag bei 78 Prozent. Im Jahr 2024 wird der Besteuerungsanteil schon bei 84 Prozent liegen, der Rentenfreibetrag sinkt hingegen auf 16 Prozent. Der Rentenfreibetrag wird für das volle Rentenbezugsjahr ermittelt. Da die meisten Menschen unterjährig in Rente gehen, wird der Rentenfreibetrag in der Regel im zweiten Jahr des Rentenbezugs berechnet. Rentenerhöhungen, die man im Ruhestand im Lauf der Zeit bekommt, sind übrigens in voller Höhe zu versteuern.

Was passiert, wenn Rentenanpassungen zur Steuerpflicht führen?

Eigentlich ist der 01. Juli eines Jahres für Rentner ein erfreulicher Tag. Zu diesem Datum werden die Renten angepasst. Anfang Juli 2020 haben die Rentner in den alten Bundesländern zum Beispiel eine Erhöhung von 3,45 Prozent erhalten, Rentner in den alten Bundesländern bekamen 4,2 Prozent mehr Geld. Eine Rentenanpassung kann allerdings zu einer plötzlichen Besteuerung führen. Im Jahr 2016 mussten zum Beispiel 29 Prozent der Rentner Steuern zahlen und dank regelmäßiger Rentenerhöhungen dürfte dieser Anteil in Zukunft noch steigen.

In der Regel sind die Steuern, die bei der erstmaligen Besteuerung anfallen, nicht sehr hoch. Hinzu kommt, dass Sie als Rentner von Ihrem Jahreseinkommen noch einige Kosten abziehen können. Dazu gehören Krankheitskosten, aber auch Spenden oder Handwerkerkosten. Allerdings sind Sie zur Abgabe einer Steuererklärung verpflichtet, wenn Sie durch eine Rentenerhöhung steuerpflichtig werden.

Was müssen Rentner rund um die Steuererklärung wissen?

Rentner füllen den Mantelbogen und die Anlage R aus. Sie ist mit dem Titel "Renten und andere Leistungen aus dem Inland" bezeichnet. Sollten Sie weitere Renten beziehen, kann die Anlage bAV / R-AV hinzu kommen. Darin werden Leistungen aus einem inländischen Altersvorsorgevertrag oder einer betrieblichen Altersvorsorge erfasst.

Die Anlage KAP ist auszufüllen, wenn Sie Kapitalerträge bekommen, Vermietungen und Verpachtungen werden in der Anlage V aufgeführt.

Auch als Rentner dürfen Sie einige Kosten von der Steuer absetzen. Dadurch verringert sich Ihr zu versteuerndes Einkommen und damit auch die Steuerlast. Zu den Sonderausgaben gehören Beiträge für Ihre Kranken- und Pflegeversicherung und für weitere Versicherungen wie eine Haftpflicht oder eine Unfallversicherung. Außergewöhnliche Belastungen stehen für Krankheitskosten oder für die Kosten für die Unterbringung in einem Pflegeheim oder für einen ambulanten Pflegedienst. Sie können entweder die tatsächlich angefallenen Kosten eintragen oder den Behinderten-Pauschbetrag beantragen, sofern Sie einen Schwerbehindertenausweis haben. Ausgaben für haushaltsnahe Dienstleistungen oder für Handwerker dürfen Sie ebenfalls absetzen. Der Altersentlastungsbetrag gilt für Rentner über 64, wenn Sie sich noch ein bisschen Geld hinzuverdienen möchten, wenn Sie Einkünfte aus Kapitalvermögen oder aus einer Vermietung und Verpachtung haben. Die Höhe des Altersentlastungsbetrags richtet sich nach Ihrem Geburtsjahr.

Müssen Rentner Kirchensteuer zahlen?

Wenn Sie einer Kirche angehören, müssen Sie als Rentner auch Kirchensteuer zahlen. Sie beträgt je nach Bundesland acht oder neun Prozent. Für Rentner, die keine Einkommensteuer zahlen, fällt keine Kirchensteuer an.

Wie werden zusätzliche Einnahmen behandelt?

Zusätzliche Einnahmen können zum Beispiel aus einer Vermietung und Verpachtung oder aus einer Geldanlage entstehen. Für diese Einnahmen fallen ebenfalls Steuern an. Voraussetzung ist, dass die Summe Ihrer Einkommen über dem jeweiligen Grundfreibetrag liegt.

Wie viel Steuer Sie tatsächlich zu zahlen haben, hängt unter anderem von den Einkünften ab, die Sie erzielen. Ein Einkommen aus einer selbstständigen oder einer nicht selbstständigen Arbeit, aus einer Vermietung oder aus privaten Renten oder Geldanlagen werden in steuerlicher Hinsicht unterschiedlich betrachtet. Deshalb lässt sich eine pauschale Berechnung der Steuerlast eigentlich nur vornehmen, wenn Sie für Ihre Steuererklärung eine Steuerberechnungssoftware oder die IT-Programme der Steuerverwaltungen der Länder benutzen. Dazu gehört zum Beispiel das Programm Elster.

Wann ist ein Wechsel der Steuerklasse interessant?

Gelegentlich hört man, dass Rentner die Steuerklasse wechseln sollen. Vor allem, wenn Ihre Ehepartnerin noch verdient, kann es sich anbieten, wenn sie in die Steuerklasse III wechselt. Dadurch verringern sich ihre Steuerabzüge (24). Für Sie als Rentner ist die Steuerklasse nicht relevant, sie ist nur dann von Bedeutung, wenn Sie einem Minijob nachgehen oder noch eine Betriebsrente bekommen, für die Lohnsteuer abgezogen wird.

Wichtig zu wissen ist, dass mit der Steuerklasse III eine vorübergehende Verringerung der steuerlichen Abzüge verbunden ist. Damit kann Ihre Frau in der Steuerklasse III unter Umständen ein höheres Nettoeinkommen. Wenn Sie die Steuerklassenkombination III und V wählen, müssen Sie auf alle Fälle nach Ablauf des Jahres eine Steuererklärung abgeben. Dabei stellt das Finanzamt fest, wie viel Steuern Sie tatsächlich zu zahlen haben. Unter Umständen kann es dann zu einer Nachzahlung kommen.

Falls Ihre Ehepartnerin Arbeitslosengeld I erhält, hat sie von der Steuerklasse III mehr Vorteile. Vor diesem Hintergrund wird ein Wechsel in die Lohnsteuerklasse III von den Arbeitsagenturen nur in Ausnahmefällen zugelassen. Diese Ausnahmen sind gesetzlich festgeschrieben. Eine dieser Ausnahmen ist, dass der Ehepartner bereits Rente bezieht.

Damit haben Sie einen recht guten Überblick erhalten, was Sie als Rentner rund um Ihre Steuer wissen müssen. Allerdings ist die Materie recht komplex und häufig kommt es auf den Einzelfall an. Wenn Sie sich noch eingehender über das Thema Steuern für Rentner informieren wollen, lohnt sich ein Blick auf die folgenden Seiten:

www.deutsche-rentenversicherung.de/DRV/DE/Rente/Allgemeine-Informationen/Besteuerung-der-Rente/besteuerung-der-rente_node.html

www.vlh.de/krankheit-vorsorge/altersbezuege/wann-muss-ich-als-rentner-steuern-zahlen-und-wie-viel.html#:~:text=Sie%20als%20Rentner%20sind%20grunds%C3%A4tzlich,Verheiratete%20gilt%20der%20doppelte%20Wert.

www.finanztip.de/steuererklaerung/rentenbesteuerung/

Natürlich ist aus diesen Seiten keine steuerliche Beratung abzuleiten. Diese ist allein Sache der Steuerberater, die dafür die entsprechende Ausbildung und Erfahrung haben.

In diesem Kapitel haben Sie viele hilfreiche Tipps rund um Ihre Finanzen erhalten. Sie wissen, was es mit der Grundsicherung und dem Wohngeld auf sich hat und worauf Sie rund um das Thema Steuern achten müssen. In diesem Zusammenhang stellt sich für viele Rentner die Frage, ob sie im Ruhestand noch etwas Geld verdienen dürfen oder wollen. Manchmal spielen finanzielle Gründe die ausschlaggebende Rolle, vielleicht möchten Sie aber auch einfach noch einer sinnvollen und befriedigenden Beschäftigung nachgehen. Soziale Kontakte und das Gefühl, gebraucht zu werden, können dabei von enormer Bedeutung sein und eine weitere Bereicherung Ihres Lebens im Ruhestand darstellen. Im nächsten Kapitel widmen wir uns deshalb der Frage, wie Sie Ihre eigene Lebenserfahrung im Alter klug nutzen können, um damit Geld zu verdienen.

DIE EIGENE LEBENSERFAHRUNG ELEGANT NUTZEN UND GELD DAMIT VERDIENEN

Die Idee klingt vermutlich äußerst charmant – als sogenannter "BestAger" durften Sie im Lauf Ihres Lebens unzählige Erfahrungen sammeln. Nicht jede Erfahrung werden Sie heute als angenehm bezeichnen, es sind sicher auch welche dabei, die Sie sich gerne erspart hätten. Trotzdem machen positive wie negative Erfahrungen Ihr heutiges Leben und auch einen Teil Ihrer Persönlichkeit aus. Wie wäre es also, wenn Sie Ihre eigene Lebenserfahrung nutzen, um sich damit nebenbei noch ein bisschen Geld zu verdienen? Ganz nebenbei freuen Sie sich über einen sinnvollen Zeitvertreib, mit dem Sie anderen Menschen eine große Freude machen. Die Liste unserer Vorschläge ist natürlich nicht abschließend. Überlegen Sie sich gerne in Ruhe, woran Sie Freude haben und was Sie gut können und recherchieren Sie dann, wo und wie Sie damit Geld verdienen können.

Vergessen Sie in diesem Zusammenhang übrigens auch das Thema "Steuern" nicht. Für Minijobber fallen keine Steuern und keine Sozialversicherungsbeiträge an, weil diese vom Arbeitgeber übernommen werden. Sind Sie selbstständig tätig, müssen Sie klären, ob Sie freiberuflich oder gewerblich arbeiten. Als Gewerbetreibender müssen Sie beim Gewerbeamt ein Gewerbe anmelden, als Freiberufler nicht. Allerdings ist Ihr Einkommen steuerpflichtig, Sie müssen es in der Steuererklärung angeben. Auch die Frage nach dem Hinzuverdienst ist zu klären. Das gilt besonders, wenn Sie im Vorruhestand sind und das reguläre Renteneintrittsalter noch nicht erreicht haben. Doch welche Arbeiten kommen eigentlich infrage, wenn Sie aus Ihrem reichen Fundus an Erfahrungen ein wenig Kapital schlagen möchten?

Handwerker sind immer gesucht

Ganz oben auf der Liste der sinnvollen Tätigkeiten stehen handwerkliche Arbeiten. Sie haben schon immer gerne tapeziert und können eine Vinyltapete von einer Raufaser unterscheiden? Sie lieben es, alte Möbel abzuschleifen und wissen, wie man sie stilvoll neu bemalt? Sie genießen es, alte Böden herauszureißen und Laminat, Parkett oder Vinyl schwimmend zu verlegen? Oder gehen Sie gekonnt mit Bohrmaschine und Schraubenzieher um und haben eine Schwäche für alles, was mit Elektrik zu tun hat? Das sind die besten Voraussetzungen dafür, um mit kleinen handwerklichen Arbeiten Geld zu verdienen.

Handwerker sind unglaublich beliebte Zeitgenossen – das stellen Sie spätestens fest, wenn Sie schon einmal Hilfe beim Renovieren oder Reparieren angeboten haben. Entsprechend vielseitig sind Ihre Einsatzmöglichkeiten. Ob Sie sich bevorzugt in der Familie und der Verwandtschaft umhören, ob dort Hilfe gebraucht wird, ob Sie sich im Freundeskreis informieren und Unterstützung anbieten oder ob Sie sich im Bekanntenkreis Ihrer Kinder und Enkel einen Namen als Handwerker machen, bleibt natürlich Ihnen überlassen. Viele Senioren bieten ihre Hilfe bei handwerklichen Arbeiten in den Wochenzeitungen an, und machen ihre Fähigkeiten so überall in ihrem Umkreis bekannt. Ihr Pensum können Sie selbstverständlich ganz flexibel festlegen. Sie nehmen Aufträge an, wenn Sie gerade Lust dazu haben, wenn Sie kürzertreten möchten, machen Sie eine Weile nichts. Einen Vorteil hat Ihre Arbeit auf jeden Fall: Sie sehen das Ergebnis und dürfen sich genauso darüber freuen wie Ihre Kunden!

Kreativität beim Schreiben fließen lassen

Es gibt Menschen mit einer ausgewiesenen Schwäche für Worte – im besten Sinn. Wer gerne liest und schreibt, kann mit der Erstellung von Texten ein interessantes Nebeneinkommen aufbauen. Texter sind Freiberufler, das bedeutet, Sie müssen kein Gewerbe anmelden und auch keine Gewerbesteuer zahlen. Viele Freiberufler empfinden das als Vorteil. Unabhängig davon, wie viel Sie als Texter verdienen, sind die Einstiegshürden überschaubar. Sie benötigen ein Laptop oder einen Desktop-Computer und eine Internetverbindung, ein Drucker ist häufig nicht einmal nötig.

Texter beginnen zum Beispiel bei einer Textplattform. Davon gibt es im Internet mehrere Anbieter. Bezahlt wird meist nach Worten, pro Wort legen Sie einen bestimmen Preis fest. In der Regel reichen Sie einen ersten

Test bei Ihrer Plattform ein, dieser wird bewertet, und Sie erhalten eine erste Einstufung. Sie entspricht Ihren sprachlichen Fähigkeiten, Ihrem Ausdrucksvermögen, Ihrer Grammatik und Ihrer Rechtschreibung. Im Lauf der Zeit haben Sie bei entsprechender Leistung natürlich die Chance auf eine bessere oder höhere Einstufung. Damit werden Sie auch häufiger für Aufträge gebucht und erhalten mehr Anfragen.

Wenn Sie nicht über eine Textplattform arbeiten möchten, bieten sich andere Wege zum Schreiben an. Das Internet ist eine wichtige Quelle, um die eigenen Fähigkeiten zu vermarkten. Die Arbeit als freiberuflicher Autor eignet sich gut, wenn Sie ein kleines Nebeneinkommen suchen, das Sie flexibel aufbauen können. Ganz nebenbei dürfen Sie unglaublich kreativ sein und Ihrer schriftstellerischen Ader freien Lauf lassen.

Lassen Sie andere von Ihrem Wissen profitieren

Die einen spielen virtuos ein Musikinstrument, die anderen beherrschen eine Fremdsprache perfekt, wieder andere sind unglaublich sportlich oder in Sachen Elektronik äußerst versiert: Wenn Sie zu den Menschen gehören, die eine bestimme Fähigkeit oder Fertigkeit beherrschen und sich damit von anderen abheben, geben Sie Ihr Wissen gerne weiter – natürlich gegen Bezahlung! Voraussetzung ist, dass Sie gerne soziale Kontakte pflegen und mit anderen Menschen in Kontakt sind. Eine gewisse Begabung in der Vermittlung von Wissen kann nicht schaden, und Geduld ist natürlich ebenfalls gefragt.

Wenn Sie über eine bestimmte Fähigkeit oder Fertigkeit verfügen und Ihr Wissen gerne vermitteln wollen, machen Sie Werbung für sich in den lokalen Tageszeitschriften. Sprechen Sie im Freundes- oder Bekanntenkreis darüber und bieten Sie sich aktiv an. Vielleicht haben Sie schon früher Unterricht gegeben und können dann an Ihren bisherigen Kontakten anschließen. Wichtig ist, dass Sie Freude daran haben, Ihre Kenntnisse weiterzugeben.

Ihre Schüler müssen natürlich nicht unbedingt junge Menschen sein. Vielleicht haben Sie Spaß daran, Ihre Computerkenntnisse an Senioren zu vermitteln, die noch nicht so fit sind im Umgang mit digitalen Medien oder mit dem Internet. Sie dürfen sicher sein, dass ältere Menschen sich gerne etwas von Gleichaltrigen zeigen lassen, während man bei einem jungen Lehrer vielleicht doch etwas zögert. Sprechen Sie deshalb gerne Menschen in Ihrer Altersgruppe an, wenn sich abzeichnet, dass Sie Ihr Wissen dort vermitteln können. Arbeiten Sie gerne mit jungen Leuten zusammen, konzentrieren Sie sich natürlich auf diese Zielgruppe und geben dort Ihr Wissen, gepaart mit ein wenig Lebenserfahrung, an offene Ohren weiter. Diese Art, Geld zu verdienen, macht Ihnen vermutlich besonders viel Freude, denn es ist einfach ein Weg, bei dem Sie weiterhin in Kontakt bleiben mit Menschen aus verschiedenen Altersklassen, denen Sie etwas mitgeben können, was Sie selbst interessiert.

Sehr spannend ist in diesem Zusammenhang übrigens die Idee, selbst noch einmal eine kurze Ausbildung zu machen. Wie wäre es zum Beispiel, sich zum Fitness- oder Gesundheitscoach ausbilden zu lassen, um danach junge Sportler oder Senioren im Fitnessstudio zu betreuen? Ganz nebenbei tun Sie dabei auch etwas Gutes für Ihre Gesundheit und lernen je nach Schwerpunkt eine Menge über Sport und gesunde Ernährung. Vielleicht ergibt sich daraus sogar noch einmal eine berufliche Tätigkeit, bei der Sie den Umfang selbst bestimmen können und die Ihnen noch einige Jahre lang eine Menge Freude macht.

Arbeit im Garten hält fit und gesund

Wenn Sie von sich selbst wissen, einen ausgeprägten "grünen Daumen" zu besitzen, bietet sich Unterstützung bei der Arbeit im Garten an. Sie können bei Ihrer Verwandtschaft aushelfen, den Garten von Freunden pflegen oder auch Ihren Kindern zu einem gepflegten Garten verhelfen. Diese Tätigkeit hat den großen Vorteil, dass Sie sich an der frischen Luft aufhalten und bewegen. Einzige Voraussetzung dazu ist, dass Sie selbst Erfahrung im Garten haben oder mindestens ein großes Interesse, um sich das nötige Wissen anzueignen.

Gartenarbeit steht besonders im Frühjahr, im Sommer und im Herbst an und bietet damit einen guten Grund, sich fast das ganze Jahr über im Freien an der frischen Luft aufzuhalten. Ganz nebenbei können Sie das Ergebnis Ihrer Bemühungen nach einiger Zeit mit eigenen Augen sehen, wenn im Garten alles grünt und blüht. Wer gerne Obst und Gemüse isst, entscheidet sich für einen Nutzgarten, den man natürlich mit schönen Blumen und Sträuchern ergänzen kann, sodass eine Kombination aus einem Zier- und Nutzgarten entsteht. Helfen Sie Ihren Freunden und Bekannten bei der Gartenarbeit, dürfen Sie sicher sein, ein willkommener Besucher zu sein, denn Sie entlasten sie dadurch von einer Tätigkeit, die viel Zeit und Mühe kostet und an der man rundherum Spaß haben sollte.

Mobil bleiben mit einem Fahrdienst

Viele Menschen sind im Alter nicht mehr so mobil und geben ihren Führerschein ab. Junge Menschen oder Menschen mit Behinderung benötigen einen Fahrdienst, um zur Arbeit oder zur Schule zu kommen. Vielleicht ist auch ein Fahrdienst nötig, weil ein alter Mensch auf den Rollstuhl angewiesen ist und nicht selbst mit dem Auto fahren kann und auch niemanden hat, der den Transport übernehmen kann. Für solche Fälle ist ein Fahrdienst eine große Hilfe.

Gerade wenn Sie selbst noch mobil sind und gerne Auto fahren, bietet sich eine Tätigkeit bei einem Fahrdienst an. Fahrdienste gibt es in allen Regionen Deutschlands, unter Umständen werden sie auch als Unterstützung von der Johanniter-Unfallhilfe oder vom Deutschen Roten Kreuz angefordert. Zu transportieren sind dann häufig Menschen im Rollstuhl, die auf fremde Hilfe angewiesen sind. Wenn Sie sich selbst noch fit und gesund fühlen, kann diese Tätigkeit unglaublich bereichernd sein. Auf der einen Seite haben Sie selbst das Gefühl, etwas Sinnvolles zu tun, auf der anderen Seite ist Ihnen die Dankbarkeit der Menschen sicher, denen Sie helfen können.

Wenn ein Fahrdienst für Alte und Kranke für Sie nicht infrage kommt, ist ein Transport von eiligen Arzneimitteln vielleicht eine gute Alternative. In diesem Fall transportieren Sie Arzneimittel von den Apotheken zu den Patienten oder in die Krankenhäuser, wo sie dringend erforderlich sind. Auch für diese Tätigkeit ist es wichtig, dass Sie gerne mit dem Auto unterwegs sind. Gerade bei zeitkritischen Aufträgen sollten Sie außerdem eine gewisse Ruhe mitbringen und sich nicht aus der Fassung bringen lassen. Die mobile Unterstützung für alte, kranke oder behinderte Menschen kann sehr befriedigend sein, denn Sie spüren, dass Sie in Ihrem Alter noch sehr gebraucht werden. Außerdem dürfen Sie sich der Dankbarkeit Ihrer Gäste sicher sein, was Ihnen wiederum ein gutes Gefühl gibt.

Ein gutes Werk tun mit Gesellschaft

In der Nachbarschaft ist eine alte Dame immer allein, im Stockwerk unter Ihnen lebt ein Senior ohne großes soziales Umfeld: Das sind typische Fälle, in denen soziale Dienste gefordert sind. Wahrscheinlich kennen Sie selbst aus Ihrem Umfeld ältere Menschen, die sich gerne Gesellschaft wünschen und die doch häufig allein sind. Vielleicht lebt der Partner nicht mehr, vielleicht ist keine Familie vorhanden, vielleicht wohnen die Kinder und Enkel an einem anderen Ort. Wenn Sie sich dann als Gesellschaft zum Reden, Spielen und für den sozialen

Austausch anbieten, ist die Freude bei den Betroffenen sicher groß. Außerdem haben Sie wiederum das gute Gefühl, dass Sie noch etwas Nützliches tun können und dass man sich braucht.

Wenn Sie den Kontakt zu alten Menschen nicht wünschen, bieten Sie sich als "Ersatz-Opa" an! Viele junge Familien können aus unterschiedlichen Gründen keinen Kontakt zu den Großeltern pflegen. Vielleicht wohnen sie an einem ganz anderen Ort weit entfernt, vielleicht leben sie nicht mehr, vielleicht ist man aber auch zerstritten. Ein Opa als Ersatz ist dann häufig sehr begehrt. Falls Sie in Ihrem Bekanntenkreis eine Familie kennen, bieten Sie sich gerne ersatzweise als Großvater an. Haben Sie selbst Enkel, sind Sie im Umgang natürlich bestens geübt, doch auch wenn keine eigenen Enkel vorhanden sind, kann der Kontakt zu kleinen Kindern sehr bereichernd sein. Diese Art von sozialer Betätigung bietet sich natürlich besonders an, wenn Sie sich selbst als aktiv bezeichnen und gerne mit anderen Leuten und Kindern zu tun haben. Nebenbei können Sie Ihre Erfahrung auf diesem Weg auch ein bisschen weitergeben und aus Ihrem eigenen langen und bewegten Leben berichten.

Damit sind wir am Ende des Kapitels angelangt. Sie haben nun eine ganze Menge Tipps erhalten, wie Sie im Alter noch ein wenig Geld verdienen können mit Tätigkeiten, die Ihnen und anderen Freude machen. Nicht immer dürften es nur finanzielle Gründe sein, die Sie dazu bewegen, noch einmal beruflich aktiv zu werden. Vielleicht steht auch der Wunsch dahinter, weiterhin sozial vernetzt zu bleiben und Kontakt zu pflegen.

Kontakte sind überhaupt ein ganz wesentlicher Faktor, der Ihnen dabei hilft, jung und aktiv zu bleiben. Im nächsten Kapitel widmen wir uns deshalb dem Thema, Kontakte neu zu knüpfen und Menschen zu finden mit gleichen Interessen. Was Sie selbst dazu tun können und wie Sie selbst aktiv auf andere Menschen zugehen, hängt natürlich ein wenig von Ihrer Persönlichkeit ab. Wir stellen Ihnen ein paar Anregungen vor, wie Sie Ihren Freundes- und Bekanntenkreis erweitern und dadurch auch Menschen in Ihr Leben holen, die Sie als sehr wertvolle Bereicherung empfinden.

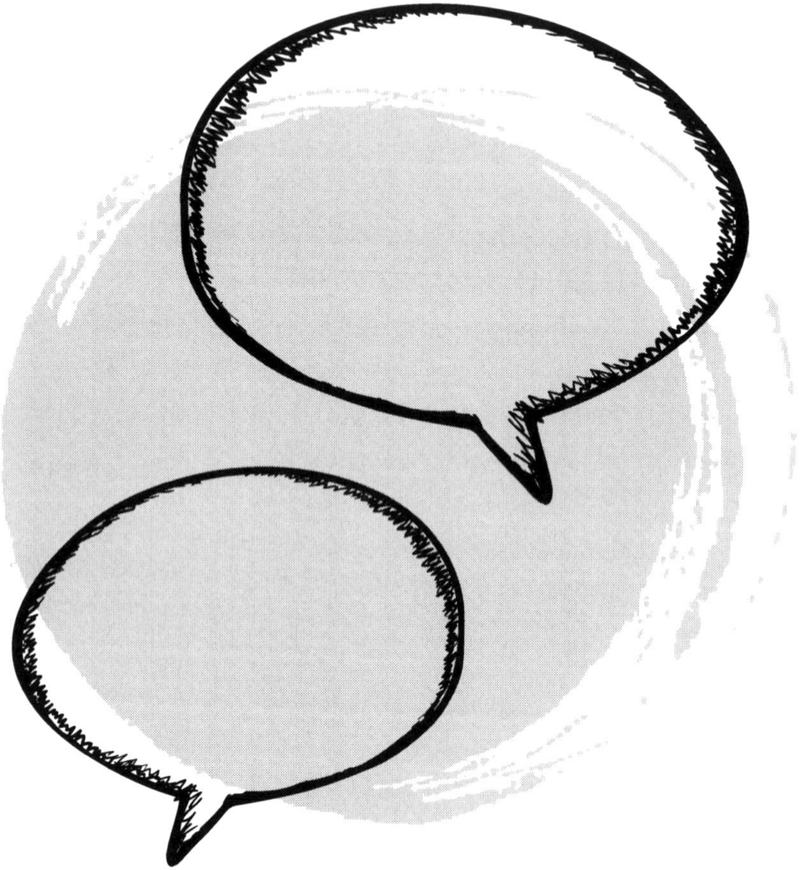

KONTAKTE KNÜPFEN UND GLEICHGESINNTE FINDEN

Menschen sind soziale Wesen – ohne Kontakte vereinsamen sie. Fehlende soziale Kontakte wirken sich auf die Psyche und auf die gesamte Konstitution aus, und nicht selten werden einsame Menschen physisch krank, ohne dass körperliche Ursachen dafür festzustellen sind. Natürlich wünscht sich der eine mehr soziale Kontakte, der andere weniger. Manche Menschen sind am Wochenende jeden Abend unterwegs und fühlen sich unglücklich, wenn sie einmal einen Samstagabend zu Hause verbringen müssen. Andere können sich sehr gut zu Hause beschäftigen und genießen die Ruhe und Geborgenheit der eigenen vier Wände. Wie viele Kontakte als angenehm empfunden werden, ist also individuell sehr unterschiedlich. Trotzdem geht es nicht ohne ein soziales Umfeld, das uns auch ein wenig den Spiegel vorhält und uns den Weg weist, sich entsprechend den geltenden gesellschaftlichen Konventionen zu verhalten.

Zu Beginn Ihres Ruhestands stellt sich die Frage nach den sozialen Kontakten vielleicht noch einmal verstärkt. Vielleicht waren Sie jahrelang beruflich stark eingebunden und hatten kaum Zeit für Freunde und Bekannte.

Manches wurde dann auf den Ruhestand verschoben, denn dann hat man schließlich Zeit für andere Menschen. Unter Umständen waren Sie aber auch gesellschaftlich schon sehr aktiv und haben nun im Ruhestand noch mehr Interesse daran, sich mit anderen Menschen auszutauschen. Rund um Ihre Kontakte dürfen Sie durchaus unterscheiden zwischen Menschen mit gleichen Interessen, die Sie bei der Ausübung Ihrer Hobbys treffen und Freunden, auf die Sie sich in jeder Lebenslage verlassen können. Auch die eigene Partnerschaft wird in diesem Zusammenhang vielleicht in den Fokus geraten, vor allem, wenn Sie in den letzten Jahren nicht in einer Beziehung waren und nun gerne noch einmal eine Frau kennenlernen möchten. In diesem Kapitel setzen wir uns auch mit diesem Thema auseinander, das im Ruhestand noch einmal an Bedeutung gewinnen kann.

GEBEN UND NEHMEN

Kontakte sind etwas Wundervolles – sofern sie unser Leben bereichern. Die eigene Familie oder gute Freunde und Bekannte, auf die Sie sich in fast jeder Lebenslage verlassen können, sind ein großes Geschenk, das man nicht genug wertschätzen kann. Ganz anders sieht es hingegen mit Menschen aus, die uns Kraft entziehen oder uns vielleicht sogar schaden. Diese Energieräuber sollten wir so schnell wie möglich aus unserem Alltag verbannen. Und auch Bekannte, in denen man nur in den sozialen Netzwerken befreundet ist und die sonst in unserem Leben keine Rolle spielen, geben uns häufig nicht das Gefühl, gut aufgehoben zu sein. Stabile Freundschaften oder Familienmitglieder, die gerne für uns da sind, sollten wir hingegen so pfleglich wie möglich behandeln und ihnen unbedingt auch etwas zurückgeben.

Eine Beziehung funktioniert dauerhaft nur, wenn sie auf einem ausgewogenen Verhältnis von Geben und Nehmen beruht. Sie tun anderen etwas Gutes und erhalten dafür eine Belohnung. Das ist unglaublich wertvoll – doch wie verhält es sich eigentlich mit dem Thema Altruismus? Warum sollten wir anderen Personen helfen und dafür keinerlei Gegenleistung einfordern? Was sich im ersten Augenblick völlig unlogisch anhören mag, ist aus Sicht der Wissenschaftler ein sehr spannendes Forschungsfeld.

Unter Altruismus versteht man eine freiwillige Handlung, die für eine andere Person von Vorteil ist und die für den Handelnden selbst Nachteile bringt (26). Dabei kann diese Handlung aus unterschiedlichen Gründen heraus entstehen. Sie kann freiwillig sein, weil der Handelnde selbst das unbedingt möchte. Sie kann aber auch aus einem gewissen Zwang oder Druck entstehen, weil man sich beobachtet fühlt oder weil man einen guten Eindruck hinterlassen will. Keine Rolle spielt es übrigens, ob die ausgeführte Handlung wirklich geholfen hat. Ausschlaggebend ist nur der Gedanke, dass man helfen will, das Ergebnis ist dabei nicht entscheidend.

Die Frage, warum wir uns altruistisch verhalten, beschäftigt auch die Wissenschaftler. Einem Familienmitglied helfen wir vielleicht, weil es in unseren Genen liegt und sich somit aus der Evolution heraus begründen lässt. Freunde und Bekannte dürfen auf Hilfe hoffen, weil wir dadurch beliebter werden und vielleicht gelobt werden. Auch die Hilfe für einen Fremden mag uns dazu verhelfen, dass wir uns vor unserem Umfeld in einem besseren Licht erscheinen lassen. Gelegentlich folgen wir aber auch einfach den Regeln, die uns die Gesellschaft vorschreibt. Bei einem Unfall müssen wir helfen, selbst wenn wir einen Termin verpassen.

Allerdings helfen wir auch, weil wir uns danach gut fühlen. Altruistisches Verhalten löst so etwas wie ein warmes Gefühl in uns aus, wie Psychologen in Studien herausfinden konnten. Wir spüren, dass wir etwas bewirken können und steigern dadurch unseren Selbstwert.

Besonders interessant ist in diesem Zusammenhang übrigens der Ansatz, dass altruistisches Verhalten durchaus positive Auswirkungen auf unsere Gesundheit hat. So konnten Forscher herausfinden, dass sich die geistigen Fähigkeiten von Menschen mit einem ausgeprägten Hang zu altruistischem Verhalten im Alter deutlich weniger nachlassen als bei egoistischen Menschen, die nur ihren eigenen Vorteil im Auge behalten. Auch eine ehrenamtliche Tätigkeit ist in diesem Sinn als altruistisches Verhalten zu verstehen – was durchaus ein Grund dafür sein kann, sich im Ruhestand ehrenamtlich zu betätigen!

Offenbar geht es uns also sowohl psychisch wie auch physisch besser, wenn wir Menschen in unserem Umfeld helfen, ohne dafür eine Gegenleistung zu erhalten. Besonders hilfreich soll es übrigens sein, wenn wir uns unseres Verhaltens bewusst sind – wenn wir also sehr genau wissen, dass wir gerade helfen, ohne eine Gegenleistung zu verlangen. Die Auswirkungen auf unsere Gesundheit sind dabei durchaus unterschiedlich, denn junge Leute reagieren eher psychisch, ältere Menschen fördern durch altruistisches Verhalten ihr körperliches Wohlbefinden. Dieser Drang kann so weit gehen, dass man sich sogar selbst schadet, wenn man seinem Hang zu altruistischem Verhalten nicht nachgibt.

Wenn wir nun aber wissen, dass uns altruistisches Verhalten gerade im Alter Vorteile für unsere Gesundheit bringt, stellt sich die Frage, warum wir nicht alle so handeln – und warum es Menschen mit einem ausgewiesenen Hang zum Egoismus gibt. Die Gründe dafür sind zum großen Teil in unserer Persönlichkeit zu finden, glauben Psychologen. Außerdem spielt die jeweilige Situation eine Rolle.

Forscher fanden heraus, dass man sich eher altruistisch verhält, wenn man sich dazu in der Lage fühlt oder wenn man sich als zuständig betrachtet. Ein Blickkontakt kann dabei schon ausschlaggebend sein, aber auch eine Notsituation. In der Normalität wird man häufig seltener altruistisch handeln als in einer Krise.

Sehr wichtig ist beim Helfen übrigens auch, ob wir das Opfer kennen. "Kennen" bedeutet in diesem Zusammenhang nicht nur, dass wir mit dem Betroffenen verwandt oder bekannt sind. Es genügt schon, dass wir Kenntnis davon haben. So konnte in Studien gezeigt werden, dass viele Menschen bereit sind, sich für eine Knochenmarkspende registrieren zu lassen, wenn ein offizieller Aufruf für eine bestimmte Person gestartet wurde. Ohne einen solchen Aufruf ist kaum jemand bereit, sich dafür zu registrieren, obwohl wir genau wissen, wie viele Menschen das lebensrettende Knochenmark benötigen. "Kennen" heißt also nicht nur, dass wir mit der Person sprechen oder in einem engen Kontakt stehen. Es genügt schon, wenn wir einmal ein Foto gesehen haben oder einen Namen gehört haben.

Bei altruistischem Verhalten lassen wir uns übrigens auch gerne von anderen beeinflussen. Man könnte fast sagen, Altruismus ist ansteckend! Beobachten kann man das sehr schön nach einem Gottesdienst, wenn jeder etwas in den Klingelbeutel steckt oder auch auf einer Busfahrt, wenn jeder etwas Geld für den Busfahrer sammelt. Schließlich möchte sich niemand als geizig bezeichnen lassen, deshalb sind wir durchaus etwas großzügiger, wenn wir uns von anderen beobachtet fühlen. Wir fühlen uns selbst häufig auch viel besser, wenn wir über unser gutes Verhalten reden können. "Tue Gutes und rede darüber", hilft also nicht nur uns selbst, sondern auch anderen, denn es wirkt inspirierend und könnte den einen oder anderen dazu anhalten, unserem Beispiel zu folgen.

Doch was heißt das alles für Sie und Ihre Kontakte und Ihren Ruhestand? Gerade in zunehmendem Alter dürfen Sie darauf bedacht sein, Ihre Kontakte mit Bedacht auszuwählen. Umgeben Sie sich gerne mit Menschen, bei denen Sie sich wohlfühlen und in deren Gegenwart Sie aufblühen. Vermeiden Sie gerne die sogenannten "Krafträuber", die Ihnen Energie rauben. Sie erkennen diese Personen daran, dass Sie sich nach einem Treffen ausgelaugt, müde und kraftlos fühlen. Häufig handelt es sich dabei um Menschen, die alles negativ sehen und die sich selbst als Pessimisten bezeichnen. Suchen Sie sich gerne eine wohltätige oder ehrenamtliche Aufgabe, die Sie rundherum beflügelt und die Ihnen richtig Freude macht. Das kann die Unterstützung in einem Verein sein, das kann die Betreuung von kleinen Kindern, von Senioren oder von Tieren im Tierheim sein. Auch kranke und behinderte Menschen freuen sich darüber, wenn Sie sie regelmäßig besuchen und für ein paar Stunden von ihrem Alltag ablenken.

Ein wenig Altruismus schadet Ihnen in Ihrem Leben also nicht, Sie werden es vielmehr als bereichernd und wohltuend empfinden. Ganz nebenbei wirkt sich Ihr Verhalten vermutlich noch positiv auf Ihre Gesundheit und auch Ihre Psyche aus, und das ist ein weiterer Grund dafür, ohne Gegenleistung zu helfen und zu unterstützen. Selbstloses Verhalten tut also nicht nur anderen Menschen gut, sondern auch Ihnen selbst – und gerade das ist ein Grund, gelegentlich nicht nur an sich zu denken, sondern auch an andere, denen es vielleicht weniger gut geht und die in ihrem Leben nicht so viel Glück gehabt haben wie Sie selbst.

Natürlich treffen Sie bei einer ehrenamtlichen auch auf Menschen, die ähnlich denken wie Sie. Sie erweitern Ihren Bekanntenkreis und schließen vielleicht sogar die eine oder andere Freundschaft, die sich weiter intensiviert. Wie wichtig es ist, Gleichgesinnte zu finden und Ihr soziales Umfeld neu zu gestalten, wird besonders deutlich, wenn Sie in den Ruhestand gehen und plötzlich feststellen, dass Ihr Leben ohne Arbeit und ohne Ihre Kollegen ein wenig leer wirkt. Spätestens dann ist es an der Zeit, dass eigene soziale Umfeld neu aufzubauen und zu verändern. Mehr darüber erfahren Sie im nächsten Kapitel.

GLEICHGESINNTE FINDEN

Sie möchten Ihr soziales Umfeld verändern und neu gestalten? Sie wünschen sich mehr Kontakt zu Gleichaltrigen mit ähnlichen Interessen? Vielleicht möchten Sie Ihren Freundeskreis ausbauen und suchen rüstige Rentner, die ebenfalls gerade in den Ruhestand gegangen sind? Es ist völlig verständlich, wenn sich mit dem Beginn der Rente die Frage nach neuen sozialen Kontakten stellt. Das gilt umso mehr, wenn Sie viele Jahre lang beruflich sehr eingespannt waren und den einen oder anderen Freund aus früheren Jahren aus den Augen verloren haben. Im Lauf der Zeit ändern sich außerdem die Interessen, sodass der Austausch mit gemeinsamen Bekannten von früher irgendwann einschläft. Im Ruhestand haben Sie nun die Zeit und die Muße, neue Kontakte aufzubauen. Das sollten Sie wiederum unbedingt tun, denn der soziale Austausch mit Menschen im gleichen Lebensabschnitt mit ähnlichen Interessen ist unglaublich bereichernd und kann immer wieder neue Impulse setzen. Welche Möglichkeiten es dazu gibt und wo und wie Sie neue Freunde mit gleichen Hobbys finden, beleuchten wir in diesem Kapitel.

In erster Linie sind es natürlich gemeinsame Hobbys, die Sie verbinden und die Ihnen neue Bekanntschaften bescheren. Dabei spielt es eine untergeordnete Rolle, welchem Hobby Sie nachgehen. Wichtig ist lediglich, dass Ihr Hobby den sozialen Austausch fördert. Wer zum Beispiel gerne am heimischen Computer sitzt und Online-Ahnenforschung betreibt oder Computerspiele als Zeitvertreib betrachtet, hat wahrscheinlich eher weniger soziale Kontakte. Solche Hobbys sind gut, reichen aber nicht aus, wenn Sie neue Freunde finden wollen.

Besser geeignet sind zum Beispiel sportliche Aktivitäten. Melden Sie sich zum Beispiel im Fitnessstudio an und fragen Sie, ob es bestimmte Trainingszeiten für ältere Mitglieder gibt. Schauen Sie sich in den sozialen Netzwerken wie Facebook und Co. um, ob es virtuelle Gruppen mit ähnlichen Interessen an Ihrem Ort gibt. Informieren Sie sich auch gerne in den lokalen Tageszeitungen über die aktuellen Veranstaltungen für Senioren und melden Sie sich an. Bei Tagesausflügen der Gemeinde oder der Kirche lernt man genauso gut neue Freunde kennen, als wenn Sie bereits in einem Verein sind und dort aktives Mitglied sind.

Vereine spielen überhaupt eine große Rolle, wenn Sie sich sozial stärker vernetzen möchten. Angefangen bei Sportvereinen über Gesangsvereine bis hin zu Vereinen für nahezu jedes Hobby existieren Vereinsangebote, sodass Sie hier auch für Ihre Vorlieben die richtige Auswahl finden dürften. In kleineren Orten ist das Vereinsleben häufig sehr stark ausgeprägt, dafür mag das Spektrum an Vereinen etwas kleiner sein als in den großen Städten. Sie müssen sich natürlich nicht auf einen Verein in Ihrem Ort konzentrieren und können das Spektrum durchaus räumlich wie thematisch viel weiter fassen. Wenn Sie zum Beispiel die Vereine im nächsten Ort oder in der nächsten Stadt in Ihre engere Auswahl einbeziehen, finden Sie vermutlich ein breiteres Portfolio vor als in einem kleinen Ort. Schauen Sie sich um, was es gibt und vereinbaren Sie gerne einen Termin für ein Probetraining oder für einen Besuch bei der nächsten Veranstaltung. Sie werden vermutlich schnell herausfinden, ob das Publikum zu Ihnen passt oder ob Sie noch weiter suchen sollten.

Ein Blick in die lokalen Tageszeitungen und besonders in die Kontaktanzeigen kann auch nicht schaden, wenn Sie sich mit Gleichgesinnten vernetzen wollen. Häufig findet man hier Ankündigungen oder Berichte von Veranstaltungen, die aktuell geplant sind oder regelmäßig durchgeführt werden. In den Kontaktanzeigen fallen immer wieder Annoncen von rüstigen Rentnern auf, die ihr Umfeld gerne erweitern wollen und die noch einmal nach neuen sozialen Kontakten suchen. Sollten Sie selbst dort nichts finden, was Sie anspricht, werden Sie gerne selbst aktiv!

Inserieren Sie zum Beispiel in Ihrer örtlichen Tageszeitung, dass Sie auf der Suche nach neuen Bekannten in Ihrem Alter sind. Schildern Sie Ihre Interessen und machen Sie auch Angaben zu den Personen, die Sie suchen. Wenn Sie also jemanden zum morgendlichen Waldlauf suchen, schreiben Sie das unbedingt in Ihre Anzeige hinein. Der Leser weiß dann sofort, worauf er sich einstellen muss. Sie dürfen sicher sein, dass sich niemand meldet, der diese Interessen nicht teilt und haben somit die Gewissheit, dass sich vermutlich nur Kontakte mit ähnlichen Hobbys melden. Das ist gut, denn so kommen Sie voraussichtlich schneller ans Ziel und ersparen sich Kontaktversuche von Menschen, die nicht zu Ihnen passen.

Natürlich kann nicht jeder Kontaktversuch ein Volltreffer sein. Bei Kontaktanzeigen besteht immer auch das Risiko, dass die eine oder andere Person nicht so optimal zu Ihnen passt, wie Sie sich das wünschen. Das ist allerdings gar nicht schlimm, denn wenn es nicht passt, beendet man den Kontakt später wieder oder man vertieft ihn gar nicht erst. Manchmal wird aus einem anfänglich nicht passenden Kontakt später auch noch eine feste Freundschaft, wenn man sich erst einmal ein bisschen besser kennt. Gehen Sie Ihre Suche nach neuen Bekannten gerne gemütlich an und machen Sie sich selbst keinen Druck. Freundschaften entstehen nicht durch Druck, sie wollen sich entwickeln und dazu ist eine gemeinsame Basis nötig.

Nicht zu vergessen sind natürlich auch die sozialen Netzwerke, die Onlineforen und die Kontaktbörsen. Wenn Sie also eine gewisse Affinität zum Internet mitbringen, sollten Sie diese Quellen unbedingt nutzen. Natürlich besteht bei einer Bekanntschaft aus dem Internet immer auch die Gefahr, dass man eine Person kennenlernt, die ganz anders ist als ihr Profil vermuten lässt. Wählen Sie deshalb ein seriöses Netzwerk oder eine Kontaktbörse mit entsprechend gutem Ruf. Tauschen Sie sich zuerst online aus und lernen Sie sich dann bei einer gemeinsamen Veranstaltung oder bei einem persönlichen Treffen kennen. Nicht immer entsteht aus solchen Bekanntschaften aus dem Internet eine feste und tiefe Freundschaft. Allerdings haben Sie online eben die Möglichkeit, eine größere Menge an Bekanntschaften zu machen, wobei sich Ihr Aufwand in Grenzen hält. Suchen Sie sich dann diejenigen Leute heraus, die einen vielversprechenden Eindruck machen und vereinbaren Sie ein persönliches Treffen. Sie stellen dann vermutlich schnell fest, ob eine Basis für eine Freundschaft gegeben ist oder ob man es bei einer unverbindlichen Bekanntschaft lässt.

Denken Sie auch daran, sich in den digitalen Medien ansprechend zu präsentieren. Sie müssen nicht zu viel von sich verraten, doch Ihre Informationen sollten unbedingt der Wahrheit entsprechen. Wenn Sie sich mit einem falschen Namen oder mit einem falschen Foto anmelden, fällt das spätestens beim ersten Treffen auf, und diese Erfahrung können Sie sich sparen. Sie selbst möchten natürlich auch nicht auf einen Fake-Account hereinfallen. Zeigen Sie sich sympathisch, nett und freundlich und kommunizieren Sie auch so online, damit sich Ihr Gesprächspartner an seinem Computer einen ersten Eindruck von Ihnen verschaffen kann. Vielleicht telefonieren Sie auch einmal, was durchaus per Video geschehen kann oder Sie chatten eine Weile, bevor Sie sich persönlich treffen. Wahrscheinlich bekommen Sie schon nach einem relativ kurzen Online-Austausch ein recht gutes Gefühl, ob Ihr neuer Bekannter zu Ihnen passt und ob sich gemeinsame Interessen ergeben oder nicht.

Mit neuen Freunden und Bekannten wird sich Ihr Umfeld schnell verändern und erweitern. Vielleicht entstehen so ganz neue Interessen, die Sie bisher noch nicht in Betracht gezogen haben. Unter Umständen ergeben sich neue Hobbys, die für Sie gänzlich unbekannt sind und die Ihr Leben unglaublich bereichern.

Nicht zu vergessen sind aber auch Ihre alten Freunde, die Sie in den letzten Jahren vielleicht vernachlässigt haben. Die Gründe dafür mögen unterschiedlich sein, doch ein häufiger Grund ist im Arbeitsleben schlicht Zeitmangel. Meist bleibt zwischen Beruf und Familie einfach nicht mehr die Zeit, sich allen alten Freunden von früher zu widmen. Unter Umständen telefoniert man gelegentlich, aber irgendwann werden die Kontakte seltener, weil auf beiden Seiten einfach die Zeit fehlt. Im Ruhestand sieht das vielleicht ganz anders aus. Deshalb ist genau jetzt der richtige Zeitpunkt, um wieder mit Freunden und Bekannten von früher in Kontakt zu treten und alte Freundschaften wieder aufleben zu lassen.

TREFFEN SIE SICH MIT FREUNDEN

Wohl jeder kennt alte Freunde aus der Schul- oder Studienzeit, die man im Lauf der Jahre irgendwie aus den Augen verloren hat. Man hat sich zwar gut verstanden, doch spätestens mit der Gründung einer eigenen Familie blieb keine Zeit mehr für die netten Treffen in vertrauter Runde. Auch die Kinder aus der Nachbarschaft, mit denen man so gerne gespielt hat, sind irgendwann aus dem

Blickfeld verschwunden. Im Lauf der Jahre sind neue Freude hinzugekommen, man hat sich selbst verändert und den Bekanntenkreis erweitert. Trotzdem bleibt irgendwie ein kleines Gefühl des Bedauerns, weil es eben doch schöne Zeiten waren, die so nicht zurückkehren. Wenn es Ihnen genauso geht – dann ist jetzt im Ruhestand genau der richtige Zeitpunkt, um diese Kontakte wieder mit Leben zu füllen.

Die Möglichkeiten dazu sind vielfältig. Es ist gut verständlich, wenn Sie nach so vielen Jahren erst einmal keinen Mut haben, zum Telefonhörer zu greifen und den einen oder anderen Freund von früher anzurufen. Das ist nur allzu verständlich, denn schließlich weiß man häufig nicht, wie es gesundheitlich und familiär geht. Unter Umständen besteht auf der anderen Seite auch gar kein Interesse mehr, alte Kontakte neu zu beleben. Doch einen Versuch ist es auf jeden Fall wert. Wenn Sie also nicht zum Hörer greifen wollen oder keine aktuelle Telefonnummer haben, bieten sich die sozialen Netzwerke an. Sie sind häufig Fluch und Segen zugleich, doch um alte Bekannte wiederzufinden, sind sie wohl eindeutig ein Segen.

Schauen Sie sich also gerne zuerst in den Netzwerken um, in denen Sie bereits gemeldet sind. Ob Sie sich für private Netzwerke wie Facebook entscheiden oder ob

Sie in die beruflich orientierten sozialen Medien schauen, bleibt Ihnen überlassen. Vermutlich werden Sie gerade bei Facebook eine Fülle von Kontakten finden, die Sie mit einem Klick zu Ihrem Adressbuch hinzufügen. Der erste virtuelle Kontakt ist damit hergestellt, und so kann man Schritt für Schritt wieder eine Verbindung aufbauen.

Wer im Ruhestand immer noch in dem Ort lebt, in dem man aufgewachsen ist, kann alte Freunde natürlich auch über das lokale gesellschaftliche Leben oder über die Vereine wiederbeleben. Auch wenn es manchmal schwerfallen mag, den ersten Schritt zu tun, ist diese Erfahrung für die meisten Menschen sehr bereichernd. Natürlich kann es sein, dass Sie mit der einen oder anderen Person keine gemeinsamen Berührungspunkte mehr finden. Das ist in Ordnung, diese Verbindung müssen Sie dann nicht mehr weiter pflegen. Halten Sie den Kontakt einfach sporadisch über Ihre sozialen Netzwerke, mehr ist dann nicht nötig.

Doch mit großer Sicherheit lassen sich einige Freundschaften von früher wieder beleben, selbst wenn dies etwas Zeit braucht. Denken Sie daran, dass Sie genau diese Zeit heute im Ruhestand haben. Ein großer Vorteil von alten Kontakten ist, dass man bereits ein gemeinsames "Vorleben" hat und damit gemeinsame Erinnerungen teilt, die weit in die Vergangenheit zurückreichen.

Sie dürfen sicher sein, dass Sie einen sehr vergnügten Abend verleben, wenn Sie eine Handvoll dieser Kontakte zu einem gemeinsamen Treffen einladen. Dazu bieten sich übrigens auch Klassentreffen an, sofern diese bei Ihnen durchgeführt werden und falls Sie in der Vergangenheit Interesse daran hatten. Manche Freundschaften werden so wieder neu belebt und halten schließlich ein Leben lang.

Ein weiterer Vorteil für Sie ist, dass sich Ihren Bekannten- und Freundeskreis dadurch noch etwas erweitern. Vielleicht haben Sie im Ruhestand bereits neue Bekanntschaften geschlossen, indem Sie in den Sportverein oder in einen Fitnessklub eingetreten sind, indem Sie in einen anderen Verein eingetreten sind oder indem Sie ein anderes Hobby neu aufgenommen haben. Ihre alten Bekannten und Freunde von früher sind dann eine unglaubliche Bereicherung, sie machen Ihren Freundeskreis noch ein wenig bunter und vielfältiger – ganz abgesehen davon, dass Sie eben auch gemeinsam in der Vergangenheit schwelgen können.

Wenn Sie Ihren Freundeskreis auf diese Art und Weise Schritt für Schritt erweitern, werden Sie vermutlich bald feststellen, dass keine Langeweile aufkommt. Schließlich wollen Geburtstage gefeiert werden, an Ihrem Wohnort gibt es diverse soziale Veranstaltungen und manchmal möchten Sie vielleicht auch ein wenig Zeit für sich und Ihre Familie haben. So kann es gut sein, dass es Ihnen schon bald fast ein wenig zu viel wird und Sie froh sind, wenn es gelegentlich etwas ruhiger wird. Auf jeden Fall haben Sie nun einen großen und wichtigen Schritt zum Ausbau Ihrer sozialen Kontakte und Ihres Netzwerks getan.

Damit bleibt im Grunde noch ein wichtiger Baustein Ihres gesellschaftlichen und sozialen Lebens: eine stabile Partnerschaft. Wenn Sie das große Glück haben, seit vielen Jahren glücklich verheiratet zu sein oder wenn Sie in einer festen Partnerschaft leben, nimmt Ihre Ehefrau oder Ihre Partnerin sicher an vielen sozialen Veranstaltungen gemeinsam mit Ihnen teil. Sie haben eine gemeinsame Vergangenheit, Sie haben sicher bezaubernde Kinder und Enkel und dürfen sich damit unglaublich glücklich schätzen.

Vielleicht sieht es aber auch ein wenig anders aus. Manche Ehe wird nach 20 oder 30 Jahren geschieden, und eine langjährige Partnerschaft übersteht vielleicht den Wechsel in den Ruhestand nicht, weil sich beide Partner noch einmal neu orientieren wollen. Das ist nicht schön, kommt heute aber durchaus häufiger vor, als man erwarten möchte. Wer gerade in der Situation ist, dass eine Beziehung zerbricht, will und muss damit natürlich erst einmal klarkommen. Man muss sich an die neuen Umstände gewöhnen und das Leben neu ausrichten. Das ist völlig in Ordnung und dauert eine Weile. Gerade in dieser Situation sind übrigens Freunde und Bekannte von früher vielleicht eine willkommene Unterstützung, mit der Sie überhaupt nicht gerechnet haben.

Sobald Sie aber bereit sind für eine neue Beziehung und Partnerschaft, ist jetzt genau der richtige Zeitpunkt, noch einmal durchzustarten – wie bei so vielen Dingen im Ruhestand. Welche Möglichkeiten es gibt, Frauen in Ihrem Alter mit ähnlichen Interessen kennenzulernen, schauen wir uns im nächsten Kapitel an.

WIE UND WO SIE GLEICHALTRIGE FRAUEN MIT ÄHNLICHEN INTERESSEN TREFFEN

Je älter man wird, desto schwerer wird es, eine neue Partnerin zu finden – das jedenfalls glauben wir häufig, wenn wir uns im reifen Alter noch einmal auf die Suche machen. Diese Überlegungen sind verständlich, denn je älter wir sind, desto mehr wissen wir, was wir wollen. Wir sind nicht mehr bereit, um jeden Preis eine Partnerschaft einzugehen oder in einer Beziehung zu bleiben, wenn sie nicht mehr funktioniert. Wir kommen gut alleine klar und wollen den Rest unseres Lebens vielleicht eher so verbringen, wie wir uns das vorstellen und nicht mit zu vielen unnötigen Kompromissen vergeuden.

Gleichzeitig ist da natürlich häufig der Wunsch, eine Partnerschaft einzugehen, wenn eine alte Beziehung oder eine Ehe zerbrochen ist oder wenn die frühere Partnerin bereits verstorben ist. Wenn Sie also den Wunsch hegen, im Ruhestand noch einmal eine Frau kennenzulernen und eine dauerhafte Beziehung aufzubauen, ist das völlig in Ordnung und alleine Ihre Entscheidung. Weder Ihr Freundeskreis noch Ihre Kinder haben das Recht, hier ein Veto einzulegen, deshalb sollten Sie sich auf keinen Fall beirren lassen.

Wichtig zu wissen ist allerdings, dass die Suche nach einer neuen Partnerin eine Weile dauern kann und dass sie recht zeitintensiv sein kann. Gerade wenn Sie mehrere Frauen treffen, kosten diese Verabredungen viel Zeit, denn häufig finden Sie auch nicht gleich am Anfang beim ersten Treffen heraus, ob Sie jemanden näher kennenlernen möchten oder nicht. Auch müssen Sie sich darüber im Klaren sein, dass Sie unter Umständen eine sich anbahnende Beziehung doch noch beenden, weil Sie im Lauf der Zeit feststellen, dass diese Person doch nicht zu Ihnen passt. Ganz sicher wird es in Ihrem Leben aber nicht langweilig werden, wenn Sie einmal beschlossen haben, noch einmal eine Beziehung einzugehen. Freuen

Sie sich also auf eine sehr spannende und unterhaltsame Phase in Ihrem Leben, die vielleicht sogar damit endet, noch einmal eine große Liebe zu finden. Doch wie lernen Sie gleichaltrige Frauen am besten kennen?

Tendenziell sind Sie als Mann meistens in einer recht komfortablen Situation. Da Frauen eine höhere Lebenserwartung haben als Männer, gibt es mit zunehmendem Alter einen Frauenüberhang. Sie haben also – theoretisch jedenfalls – die Wahl zwischen mehreren Frauen und dürfen sich deshalb entspannt zurücklehnen. Vielleicht stellen Sie das auch fest, wenn Sie mit Vereinskollegen in geselliger Runde zusammensitzen oder wenn Sie sich beim Sport umsehen. Es besteht die berechtigte Chance, dass Sie sich mehreren Damen in Ihrem Alter gegenüber sehen, während die Zahl der alleinstehenden Herren im Seniorenalter vermutlich überschaubar ist.

Prinzipiell können Sie Frauen natürlich offline und online treffen – also im wirklichen Leben oder in den Datingportalen im Internet. Zu den besten Gelegenheiten, um Frauen in Ihrem Alter im Alltag kennenzulernen, gehören sicher Sportkurse für Senioren. Auch Kurse an der Volkshochschule zu beliebigen spannenden Themen eignen sich dazu. Vielleicht gibt es bei Ihnen im Ort einen Seniorentreff oder andere gesellschaftliche Veranstaltungen für Ihre Altersgruppe. Informieren Sie sich gerne in den

Tageszeitungen oder bei der Gemeinde und schließen Sie sich der einen oder anderen gemischten Gruppe von Rentnern an. Wenn Sie gerne tanzen, ist auch ein Tanzkurs für Fortgeschrittene zu empfehlen. Manche Tanzschulen führen regelmäßige Tanzveranstaltungen zum Üben und Treffen durch, und dort werden Herren in Ihrem Alter vermutlich mit Begeisterung aufgenommen.

Immer mehr an Bedeutung gewinnt auch die Online-Suche nach einer Partnerin. Es gibt heute eine ganze Reihe von Dating-Plattformen unterschiedlicher Art. Manche von ihnen sind für bestimmte Altersgruppen konzipiert, andere konzentrieren sich auf Singles mit bestimmten Bildungsabschlüssen, wieder andere sind eher breit aufgestellt und sprechen Alleinstehende in allen Altersklassen an.

Für welche dieser Dating-Plattformen Sie sich entscheiden, ist eine Frage des persönlichen Geschmacks. Viele Plattformen haben neben der eigentlichen Webseite auch eine App veröffentlicht, sodass man praktisch jederzeit online sein kann und permanent auf Anfragen von netten Singles aus der Umgebung antworten kann. In der einschlägigen Werbung wird meist ein Bild des jungen, sportlichen, erfolgreichen und aktiven Singles vermittelt, der zu seinem perfekten Leben nur noch die passende Frau oder den richtigen Mann finden will. Von solchen Bildern und Botschaften sollten Sie sich nicht beeindrucken lassen. Schauen Sie sich gerne auf den Plattformen wie ElitePartner oder Parship um, vergleichen Sie die Kosten und die Leistungen und gerne auch das Publikum, das sich dort anmeldet. Ein Partnervermittlungsportal dieser Art ist in der Regel kostenpflichtig. Dafür bekommen Sie regelmäßig neue Vorschläge von Kandidaten in Ihrer Umgebung, die zu Ihrem Profil zu passen scheinen und zu denen Sie online Kontakt aufnehmen können oder von denen Sie online kontaktiert werden können. Aus einem zunächst unverbindlichen Austausch per Mail kann dann nach einem persönlichen Treffen durchaus mehr werden, wenn beide Gefallen aneinander haben.

Es gibt aber auch zunehmend Portale, die speziell für die Generation 50plus oder die sogenannten BestAger konzipiert wurden. Sie sind dadurch gekennzeichnet, dass das Publikum schlicht etwas älter ist und das 50. Lebensjahr in der Regel schon hinter sich gelassen hat. Unter Umständen kommen solche Portale für Sie eher infrage. Sie funktionieren grundsätzlich ganz ähnlich wie die Dating-Plattformen für die jüngere Generation.

Eine Empfehlung für Singles über 50 ist zum Beispiel die Plattform SilberSingles (27). Hier dürfen sich Singles angesprochen fühlen, die sich selbst als junggeblieben bezeichnen und die ernsthaft daran interessiert sind, eine neue Partnerin oder einen Partner zu finden. Bei der Anmeldung füllen Sie einen umfassenden Fragebogen aus, er ist die Basis für die Vorschläge, die man Ihnen als "Matches" schickt. Ähnlich funktioniert die Plattform Zusammen.de, das Portal bewirbt sich selbst als Ansprechpartner für niveauvolle Alleinstehende mit hohen Ansprüchen. Der große Teil der Mitglieder ist über 50, das Mindestalter für die Anmeldung ist 40. Partnersuche-ab-50 ist ein weiteres Portal, das sich selbst als zeitgemäß und spielerisch bezeichnet. Funktionen wie der Foto-Flirt sind an die App Tinder angelehnt, die auch bei jungen Leuten sehr beliebt ist. Ein wissenschaftlich basierter Persönlichkeitstest wird bei dieser Plattform nicht durchgeführt, dafür wirkt die Community insgesamt sehr jung und unkonventionell. Nicht nur für die Partnersuche ab 50 Jahren ist Lebensfreude50.de gemacht. Die Plattform wurde bereits im Jahr 2006 gegründet, als Dating-Plattformen für Singles über 50 Jahren noch eine Seltenheit waren. Die Plattform ist nach Mitgliederzahlen eher klein, hat aber einen sehr guten Ruf. Hier findet man nicht nur neue Partner, sondern auch Sportfreunde oder Bekanntschaften für den Sport oder sogar Interessenten für Wohngemeinschaften und Urlaubsreisen. Wenn Sie sich beim Kennenlernen nicht nur auf Online-Apps verlassen wollen, ist Zweisam.de vielleicht interessant für Sie. Die Veranstalter führen zum Kennenlernen regelmäßige exklusive Veranstaltungen für Singles durch und verbinden damit die virtuelle Suche mit dem wirklichen Leben.

Es gibt also eine ganze Reihe von Möglichkeiten, online eine neue Partnerin kennenzulernen. Schauen Sie sich die Plattformen in Ruhe an und vergleichen Sie die Konditionen und die Preise. Ist Ihr persönlicher Favorit gefunden, stürzen Sie sich ins virtuelle Vergnügen und freuen Sie sich darauf, schon bald eine nette Frau an Ihrer Seite zu haben, die Ihre Interessen teilt und mit der Sie Ihren Ruhestand so richtig genießen können. Auch wenn das eine Weile dauert, haben Sie auf jeden Fall die Chance auf viele schöne Verabredungen, um neue Menschen kennenzulernen, aus denen enge Freundschaften entstehen können.

Damit sind wir am Ende des Kapitels. Sie haben nun eine Menge Tipps erhalten, wie Sie Ihre Kontakte ausbauen, alte Bekannte wiederfinden oder vielleicht noch einmal eine neue große Liebe finden. Dabei wünschen wir Ihnen viel Freude und Erfolg, damit sich Ihr Ruhestand so entwickelt, wie Sie sich das immer vorgestellt haben.

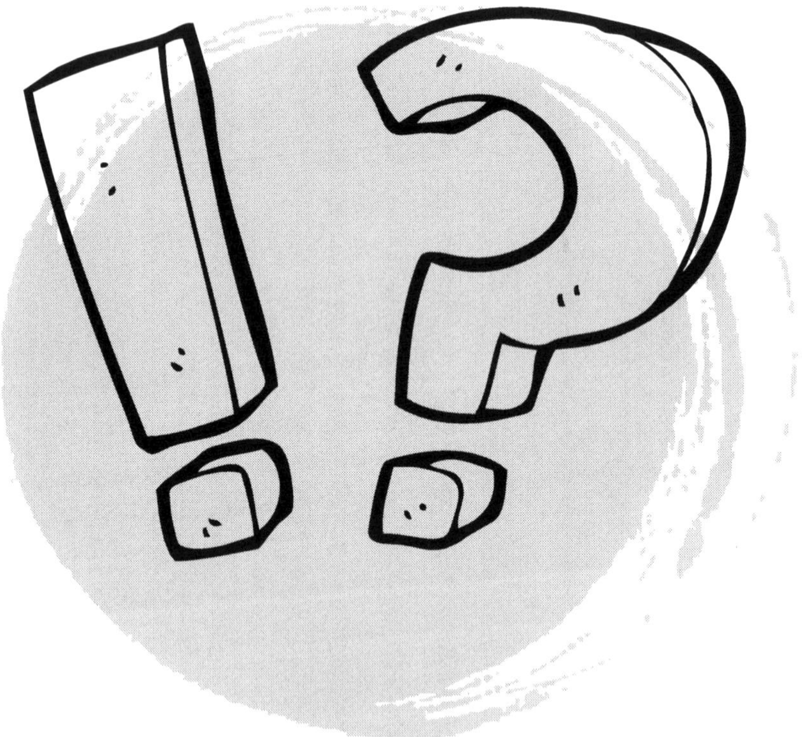

ERSTKLASSIGE INFORMATIONEN FÜR MÄNNER KURZ VOR UND IM RUHESTAND

FRÜHRENTE

So früh wie möglich in Rente zu gehen – dieser Wunsch steht bei vielen Männern ganz oben auf der Liste. Manchmal ist es auch der Arbeitgeber, der einen älteren Mitarbeiter vor dem eigentlichen Renteneintrittsalter in den Ruhestand schicken will. Tatsächlich gibt es mehrere Möglichkeiten, früher in Rente zu gehen. Ob eine der Varianten für Sie infrage kommt und welche Abstriche Sie unter Umständen machen müssen, sollten Sie rechtzeitig genau klären. Das Thema „Frührente" muss genau geprüft werden, denn sind Sie erst einmal aus dem Berufsleben ausgeschieden und es drohen finanzielle Einbußen, ist es häufig sehr schwer, hier noch gegenzusteuern.

Von der „Rente mit 63" hört man häufiger, sie gilt bis heute als eines der wichtigsten Projekte der damaligen Regierung aus dem Jahr 2014 (28). Seit 2012 wird die Altersgrenze für den Renteneintritt schrittweise von 65 Jahren auf 67 Jahre angehoben. Von dieser Anhebung betroffen sind alle Jahrgänge ab 1947. „Besonders langjährige Versicherte" sollten allerdings die Möglichkeit haben, schon zwei Jahre früher in Rente zu gehen, ohne Abschläge hinnehmen zu müssen.

Um in den Genuss der abschlagsfreien Rente im Alter von 63 Jahren zu kommen, sind einige Voraussetzungen zu erfüllen. Sie müssen 45 Jahre in die Rentenversicherung eingezahlt haben und mindestens 63 Jahre sein. Außerdem müssen Sie vor 1953 geboren sein.

Für die Jahrgänge, die zwischen den Jahren 1953 und 1963 geboren sind, erhöht sich das Renteneintrittsalter Schritt für Schritt um zwei Monate. Wenn Sie beispielsweise zum Jahrgang 1957 gehören, könnten Sie im Alter von 63 Jahren und 8 Monaten ohne Abschläge in Frührente gehen – vorausgesetzt, Sie weisen die entsprechende Versicherungszeit von 45 Jahren nach. Für die Jahrgänge ab 1964 liegt das Eintrittsalter in die Frührente bei 65. Für die Versicherungszeit wird die Arbeitszeit und die Ausbildungszeit angerechnet, wenn Sie in die Rentenkasse eingezahlt haben. Typisch dafür ist eine abgeschlossene duale Ausbildung, die klassische „Lehre". Darüber hinaus werden weitere Zeiten angerechnet. Dazu gehören Erziehungszeiten für Kinder bis zum Alter von zehn Jahren, Zeiten eines Wehr- und Zivildienstes, das Freiwillige Soziale Jahr, Zeiten für die nicht private Pflege von Eltern oder Schwiegereltern und Zeiten, in denen

Sie Lohnersatzleistungen wie zum Beispiel Krankengeld, Kurzarbeitergeld oder Arbeitslosengeld I bezogen haben. Ebenso berücksichtigt werden Zeiten mit freiwilligen Versicherungsbeiträgen oder Phasen, in denen Sie einen Minijob ausgeübt haben.

Zur Gruppe der „Langjährig Versicherten" gehören Sie, wenn Sie 35 Beitragsjahre nachweisen. Dann erhalten Sie Ihre Rente allerdings mit Abschlägen. Für jeden Monat, den Sie vorzeitig in die Rente gehen, werden 0,3 Prozent von Ihrer Rente abgezogen. Die maßgebliche Altersgrenze hängt wiederum von Ihrem Jahrgang ab. Sind Sie vor 1948 geboren, gilt eine Altersgrenze von 65 Jahren. Für die Jahrgänge 1948 bis 1964 wird sie schrittweise bis zum Alter von 67 Jahren erhöht. Für die Jahrgänge ab 1964 liegt die Altersgrenze wiederum bei 67 Jahren. Wer also bis zum 67. Lebensjahr arbeiten muss und mit 63 Jahren in Rente geht, muss eine Rentenkürzung von 14,4 Prozent hinnehmen.

Eine weitere Option für die Frührente greift im Fall einer Krankheit oder bei einer schweren Behinderung. Schwerbehinderte benötigen eine Mindestversicherungszeit über 35 Jahre und erhalten ab 63 Jahren abschlagsfrei Rente. Die Schwerbehinderung ist nachzuweisen. Die Anhebung der Altersgrenze auf 65 Jahre gilt auch für die Rente wegen Schwerbehinderung. Einen

Anspruch auf Rente wegen Erwerbsminderung von dem Renteneintrittsalter haben Versicherte, die pro Tag maximal sechs Stunden arbeiten kann. Bei einer Arbeitszeit zwischen drei und sechs Stunden besteht Anspruch auf eine halbe Erwerbsminderungsrente, kann man weniger als drei Stunden täglich arbeiten, wird die volle Erwerbsminderungsrente gezahlt. Voraussetzung für den Bezug ist eine Wartezeit in der Rentenversicherung von fünf Jahren. Damit die Erwerbsminderungsrente gezahlt wird, müssen Sie erwerbsunfähig sein.

Es gibt also einige Möglichkeiten, früher in Rente zu gehen, wobei in der Regel wohl vor allem die Rente für besonders langjährige Versicherte ohne Abschläge oder die Rente für langjährige Versicherte mit Abschlägen infrage kommt.

Unter Umständen ist auch die Altersteilzeit eine Option, langsam aus dem Berufsleben auszusteigen (29). Altersteilzeit ist ein Modell, mit dem Sie Ihre Arbeitszeit vor dem Eintritt in die Rente verringern. Sie arbeiten also vor dem Rentenbeginn in Teilzeit und steigen im Grunde schrittweise aus dem Berufsleben aus. Im Gegenzug kann Ihr Arbeitgeber Ihren Arbeitsplatz schon frühzeitig neu vergeben.

Es gibt in Deutschland keinen gesetzlich verbrieften Anspruch auf eine Altersteilzeit. Allerdings bieten viele Arbeitgeber eine entsprechende Altersteilzeitregelung an, wobei diese Regelung zwischen dem Arbeitgeber und dem Arbeitnehmer freiwillig vereinbart wird. Das heißt, dass beide Seiten einer Altersteilzeit zustimmen müssen. Häufig sind in den Tarifverträgen oder in den Betriebsvereinbarungen entsprechende Abreden getroffen. Nicht selten dient die Altersteilzeit sogar dazu, ältere Arbeitnehmer in Krisenzeiten abzubauen und dadurch betriebsbedingte Kündigungen zu umgehen.

Die Voraussetzungen für den Beginn einer Altersteilzeit sind im Altersteilzeitgesetz (AltTZG) geregelt. Danach muss der Arbeitnehmer zum Zeitpunkt des Beginns seiner Altersteilzeit das 55. Lebensjahr vollendet haben. Er muss in den letzten 60 Monaten vor dem Eintritt in die Altersteilzeit mindestens 1.080 Kalendertage lang in einem sozialversicherungspflichtigen Arbeitsverhältnis gestanden haben. Auch Zeiten des Bezugs von Arbeitslosengeld I, Hartz IV oder Krankengeld gehören dazu. Nicht erforderlich ist übrigens eine Beschäftigung in Vollzeit. In der Altersteilzeit ist eine Reduzierung auf 50 Prozent der bisher vereinbarten Arbeitszeit vorgeschrieben. Die Altersteilzeit endet mit dem Beginn des regulären Rentenalters.

In der Altersteilzeit sind zwei Modelle zu unterscheiden: das Blockmodell und das Gleichverteilungsmodell. In beiden Modellen werden Vergütung und Arbeitszeit reduziert. Im Blockmodell arbeiten Sie in der ersten Hälfte in Vollzeit unverändert weiter, bekommen allerdings schon Ihr verringertes Gehalt. In der zweiten Phase – der Freistellungsphase – arbeiten Sie nicht mehr, bekommen aber ebenfalls Ihr verringertes Gehalt. Der Arbeitgeber kann Ihren Arbeitsplatz während der Freistellungsphase bereits neu besetzen, deshalb wird dieses Modell von Arbeitgebern meist bevorzugt. Beim Gleichverteilungsmodell verringert sich Ihre Arbeitszeit um 50 Prozent über den ganzen Zeitraum Ihrer Altersteilzeit. Der Übergang in die Rente ist also fließend. Gleichzeitig hat Ihr Arbeitgeber die Chance, einen Know-how-Transfer von dem älteren Kollegen auf einen jüngeren Mitarbeiter zu betreiben, wenn beide Mitarbeiter gleichzeitig arbeiten.

Wie lange die Altersteilzeit dauert, können Sie mit Ihrem Arbeitgeber grundsätzlich frei festlegen. Allerdings setzt sich in der Praxis eine Mindestlaufzeit von drei Jahren und eine maximale Laufzeit von sechs Jahren durch.

In Altersteilzeit erhalten Sie auch nur die Hälfte Ihres bisherigen Gehalts. Unter Umständen entfallen Sonderzahlungen wie Weihnachts- oder Urlaubsgeld. Im Altersteilzeitgesetz ist allerdings festgeschrieben, dass Ihr Arbeitgeber Ihr Gehalt mindestens um 20 Prozent Ihres

Regelgehalts aufstockt. Das Regelgehalt deckt Ihr monatliches Gehalt ohne Sonderzahlungen ab.

Auf Ihre gesetzliche Rente wirkt sich Ihre Altersteilzeit ebenfalls aus. Durch Ihr geringeres Einkommen zahlen Sie weniger in die Rentenkasse ein. Dadurch reduziert sich auch Ihre Rente. Ihr Arbeitgeber ist aber nach dem Altersteilzeitgesetz verpflichtet, mindestens 80 Prozent Ihrer Rentenbeiträge während der Altersteilzeit zu zahlen. Die Jahre, in denen Sie Altersteilzeit arbeiten, werden zu den 45 Versicherungsjahren gerechnet, damit Sie die Rente ab 63 abschlagsfrei erhalten.

Wenn Sie sich für die Frührente oder für Altersteilzeit interessieren, sollten Sie alle Optionen genau prüfen. Vereinbaren Sie einen Termin bei einem Rentenberater der Deutschen Rentenversicherung und lassen Sie sich dort ausführlich prüfen. Vor allem ist es wichtig, die finanziellen Auswirkungen genau zu ermitteln, damit Sie wissen, wie sich ein vorzeitiger Rentenbeginn auf Ihre Rente auswirkt. Haben Sie privat für das Alter vorgesorgt, lassen sich mögliche Einbußen durch einen vorgezogenen Rentenbeginn unter Umständen auffangen oder mindestens teilweise ausgleichen.

Lassen Sie auch die steuerlichen Auswirkungen prüfen. Sprechen Sie mit einem Steuerberater und lassen Sie ermitteln, mit welchen Abzügen Sie in der Rente rechnen müssen. Rentenzahlungen werden versteuert, und ein Steuerberater kann Ihnen ausrechnen, wie hoch die Abzüge für die Steuer sind.

Sollten Sie eine zusätzliche Betriebsrente beziehen, müssen die finanziellen Auswirkungen auch dafür untersucht werden. Häufig ist bei einer Betriebsrente ein Mindesteintrittsalter unterstellt. Sollte sich das durch den vorzeitigen Eintritt in die Rente ändern, müssen Sie unter Umständen mit Einbußen rechnen.

Sind diese Fragen geklärt, sollten Sie einen recht guten Überblick über die finanziellen Folgen Ihrer Frührente oder Ihrer Altersteilzeit haben. Erstellen Sie für sich selbst gerne eine Übersicht über Ihre Renteneinnahmen und die voraussichtlichen Ausgaben. Dabei können Sie sich an Ihrem heutigen Lebensstandard orientieren, denn vermutlich wollen Sie im Alter keine nennenswerten Abstriche bei Ihrer Lebensqualität machen. Sofern Ihre Renteneinnahmen gut ausreichen, um Ihre Kosten zu decken und um ein schönes Leben zu führen, dürfte Ihrer Entscheidung für die Frührente oder die Altersteilzeit aus finanzieller Sicht nichts entgegenstehen.

Im Zusammenhang mit Ihrer Frührente stellt sich unter Umständen auch die Frage nach den Möglichkeiten, sich noch etwas Geld hinzuzuverdienen (30). Sofern Sie eine Frührente oder eine Erwerbsminderungsrente erhalten, gelten für einen Hinzuverdienst bestimmte Grenzen. Überschreiten Sie diese Grenzen, erfolgt eine Anrechnung auf Ihre Rente. Damit das nicht geschieht, sollten Sie also unbedingt unterhalb dieser Hinzuverdienstgrenzen bleiben. Sobald Sie die Regelaltersgrenze erreicht haben, gelten diese Hinzuverdienstgrenzen übrigens nicht mehr. Das heißt, als Rentner dürfen Sie so viel verdienen, wie Sie wollen!

Für Frührentner und für die Bezieher einer Erwerbsminderungsrente gilt seit 01. Juli 2017 grundsätzlich eine Hinzuverdienstgrenze von 6.300 Euro im Jahr. Geregelt ist diese Grenze im Flexirentengesetz. Für das Jahr 2020 und das Jahr 2021 wurde diese Grenze bedingt durch die Corona-Krise deutlich angehoben. Im Sozialschutz-Paket ist für das Jahr 2020 ein Hinzuverdienst von 44.590 Euro jährlich festgeschrieben, für das Jahr 2021 liegt diese Grenze sogar bei 46.060 Euro. Das erscheint im ersten Augenblick sehr hoch, Hintergrund dieser Festlegung war allerdings die Corona-Krise. Da sie für die gesamte Wirtschaft weitreichende Folgen hatte und noch immer hat, sollten Frührentner die Möglichkeit erhalten, ihren Verdienst auf Wunsch deutlich auszuweiten und viel mehr hinzuzuverdienen, als dies bisher möglich war. Damit ergaben sich für Menschen, die vorzeitig in Rente gingen, andere finanzielle Möglichkeiten als zuvor. Hintergrund dieser Regelung war auch, dass viele Unternehmen durch die Corona-Krise in enorme wirtschaftliche Schwierigkeiten gerieten. Sie konnten teilweise abgefedert werden, indem man ältere Arbeitnehmer – unter Umständen auch kurzfristig und entgegen ihrer eigentlichen Planung – in Frührente schickte. Mit der höheren Hinzuverdienstgrenze wollte man vor allem diese Arbeitnehmer unterstützen, die eigentlich nicht geplant hatten, von der Frührente Gebrauch zu machen. Damit dient das Sozialschutz-Paket diesen Arbeitnehmern als zusätzliche Sicherheit, denn durch einen sozialversicherungspflichtigen Hinzuverdienst besteht die Möglichkeit, noch etwas länger in die gesetzliche Rente einzuzahlen und die spätere Rente dadurch zu erhöhen.

Ob die Hinzuverdienstgrenzen auch im Jahr 2022 noch angehoben bleiben oder ob dann wieder der Betrag von 6.300 Euro im Jahr gilt, ist noch offen. Sofern man die geltende Hinzuverdienstgrenze überschreitet, erfolgt eine Anrechnung des Einkommens auf die Rente. Insgesamt werden 40 Prozent der Summe, die die Hinzuverdienstgrenze übersteigt, auf die Frührente oder auf die Erwerbsminderungsrente angerechnet. Somit erhalten Sie in diesem Fall nur noch eine Teilrente. Wenn Sie also planen, zur Aufbesserung Ihrer Frührente noch etwas Geld nebenher zu verdienen, sollten Sie diese Regelung unbedingt im Hinterkopf behalten. Mit einem Minijob und einem zusätzlichen Einkommen von 450 Euro im Monat würden Sie unterhalb der Hinzuverdienstgrenze liegen, sodass in diesem Fall keine Gefahr einer Rentenkürzung besteht. Gegen einen kleinen Nebenjob spricht also nichts, wenn Sie im großen Stil nebenher Geld verdienen, sollten Sie allerdings die Auswirkungen prüfen.

Sie haben nun einen guten Überblick über die verschiedenen Varianten erhalten, in Frührente oder in Altersteilzeit zu gehen und Ihr Einkommen nebenher noch ein wenig aufzustocken. Interessant dürfte in diesem Zusammenhang auch die Frage sein, wo sich Sparpotenzial ergibt, um Ihre monatlichen Ausgaben etwas zu verringern. Dabei wollen Sie natürlich nicht auf Komfort und Bequemlichkeit verzichten. Ein eigenes Auto steht zum Beispiel fast immer für einen hohen Kostenfaktor. Im nächsten Kapitel erfahren Sie mehr über mögliche Alternativen zu Ihrem eigenen Auto – ob Sie nun aus Kostengründen darauf verzichten oder sogar aus Altersgründen Ihren Führerschein abgeben.

DIE BESTEN ALTERNATIVEN ZUM EIGENEN AUTO

Auch ältere Menschen wollen mobil bleiben – schließlich möchten Sie weiterhin am gesellschaftlichen Leben teilnehmen, Sie wollen sich sportlich betätigen, Sie müssen einkaufen gehen und ein Besuch bei Freunden und Bekannten oder bei den eigenen Kindern steht gelegentlich auch auf dem Plan. Viele Senioren wollen deshalb das eigene Auto so lange wie möglich behalten. Das ist absolut verständlich, allerdings gibt es zum eigenen Auto ein paar interessante Alternativen. Wenn Sie nur gelegentlich ein Auto brauchen, könnten Sie Ihr eigenes Fahrzeug abgeben und sich nur bei Bedarf ein Auto leihen oder mit anderen Autofahrern teilen. Sollten Sie sich entscheiden, ganz auf den Führerschein zu verzichten und diesen vielleicht sogar abzugeben, gibt es ebenso interessante Alternativen, damit Sie so lange wie möglich selbstständig unterwegs sein können.

Ein eigenes Auto kostet Geld, und wenn Sie im Ruhestand nicht mehr so häufig darauf angewiesen sind, lohnt sich die Anschaffung unter Umständen nicht mehr. Schließlich entfällt der regelmäßige Weg zur Arbeit, und für kürzere Wege in der Stadt oder im Ort brauchen Sie das Fahrzeug vielleicht nicht immer. Wenn Sie auf ein eigenes Auto verzichten, sparen Sie also eine Menge

Geld. Wenn Sie sich noch rüstig genug fühlen, um von Zeit zu Zeit selbst Auto zu fahren, kommt natürlich ein Mietfahrzeug infrage. Zwar kostet die Anmietung Geld, und der Preis richtet sich meist nach der Dauer der Anmietung, den gefahrenen Kilometern und der Größe des Wagens. Doch für gelegentliche Ausflüge zu den Kindern oder Enkeln bietet sich diese Variante an. Auch Carsharing kann eine Alternative sein, dabei teilen Sie sich ein Auto mit mehreren Nutzern. Sie mieten das Fahrzeug für den gewünschten Zeitraum an, holen es am vereinbarten Ort ab und geben es ebenso wieder ab. Achten Sie sowohl bei der Anmietung eines Mietwagens wie auch beim Carsharing auf die Konditionen für Senioren. Hier gibt es Unterschiede, denn einige Anbieter verlangen für ältere Fahrer andere Preise.

Anders sieht es aus, wenn Sie sich selbst dazu entscheiden, nicht mehr selbst mit dem Auto zu fahren. Nach Auswertungen des Bundesamts für Statistik sind ältere Menschen überproportional häufig an schweren Unfällen beteiligt und verursachen besonders oft Unfälle, bei denen es zu Personenschäden kommt. Da die Reaktionsfähigkeit im Alter nachlässt, ist das aus biologischer Sicht sehr nachvollziehbar. Ihre Entscheidung, den Führerschein abzugeben oder mindestens nicht mehr selbst zu fahren, ist also äußerst vernünftig und umsichtig (31). Da Sie trotzdem nicht auf Mobilität verzichten wollen, sind andere Lösungen gefragt.

Einige Verkehrsverbünde bieten Senioren zum Beispiel die Möglichkeit, ihren Führerschein gegen ein Jahresticket zu tauschen, das im ganzen öffentlichen Nahverkehr gilt. Am besten fragen Sie bei Ihrem regionalen Verkehrsverbund nach, ob es dieses Angebot auch bei Ihnen gibt. Selbst wenn das nicht infrage kommt, können Sie häufig bequem auf die öffentlichen Busse und Bahnen umsteigen. Die Bahn bietet ebenso wie die Verkehrsverbünde interessante Seniorentickets an, die Ihnen ein Höchstmaß an Flexibilität geben und die noch dazu nicht einmal teuer sind. Vielleicht kommt auch eine Bahncard für Sie infrage, sie wird ebenfalls für ältere Menschen vergünstigt angeboten. Auf Fernstrecken ist der Fernbus eine Alternative. Er bringt Sie innerhalb von Deutschland von vielen Städten in andere Städte und auch im Ausland gibt es spannende Ziele. Die Anbieter von Fernbusreisen haben ihr Portfolio in den letzten Jahren stark erweitert. Es gibt hier durchaus Optionen, die Sie sich genauer ansehen können. Vor allem für einen Besuch bei der Familie oder bei Verwandten in einer anderen Stadt ist eine Reise mit dem Fernbus eine Option.

In vielen ländlichen Gegenden werden von dem Gemeinden Sammeltaxis oder ein Rufbus-Service für ältere Menschen angeboten. Für eine Fahrt müssen Sie sich telefonisch anmelden, der Bus bringt Sie dann zum gewünschten Ziel. Manche gemeinnützigen Organisationen führen regelmäßig Fahrten im Kleinbus für ältere Menschen durch. Das können zum Beispiel Touren zum Einkaufen in Lebensmittelgeschäften sein. Fragen Sie gerne bei sich in der Region, welche Möglichkeiten es gibt und probieren Sie aus, was Ihnen am besten gefällt. Ganz nebenbei lernen Sie hier sogar neue Bekannte kennen, denn diese Angebote für Senioren sind sehr beliebt und genau auf den besonderen Bedarf Ihrer Altersgruppe zugeschnitten.

Wenn es sich irgendwann ergibt, dass Sie nicht mehr ganz so gut zu Fuß unterwegs sind, kommt ein Elektromobil oder ein Elektrorollstuhl vielleicht infrage. Auch wenn Sie sich zu Hause noch gut bewegen können und zum Einkaufen in der Nähe möchten, bieten sich solche Rollstühle an. Sie bleiben unabhängig von der Hilfe anderer und können vielleicht sogar den einen oder anderen Besuch beim Nachbarn einplanen.

Elektrorollstühle schaffen standardmäßig eine Geschwindigkeit von etwa sechs Kilometern in der Stunde. Elektromobile sind mit 15 Kilometern deutlich schneller. Unter bestimmten Voraussetzungen tragen die Krankenkassen die Kosten für diese Fahrzeuge. Falls Ihnen ein solches Fahrzeug helfen könnte, informieren Sie sich bei Ihrem Hausarzt und bei Ihrer Krankenkasse nach den Bedingungen. Ein Elektromobil hilft Ihnen dabei, längere

Strecken schneller und sicherer zu überwinden und kann deshalb eine gute Option sein. Allerdings sind diese kleinen Fahrzeuge nicht ganz günstig, deshalb ist es sinnvoll, einen Zuschuss der Krankenkasse zu beantragen, wenn das möglich ist.

Eine andere Möglichkeit sind sogenannte Seniorenbetreuer. Sicher versuchen Kinder oder Angehörige, Sie mit dem einen oder anderen Fahrdienst zu unterstützen. Um Ihre Familie zu entlasten, gibt es den Seniorenbetreuer. Er sollte ein eigenes Auto besitzen und kann Sie dann zum Arzt bringen oder zum Einkaufen begleiten. Fragen Sie gerne bei der Gemeinde nach den aktuellen Angeboten für Seniorenbetreuer und vergleichen Sie die Preise und die Leistungen. Einigen Betreuer – die übrigens nicht mit einem gesetzlichen Betreuer zu verwechseln sind – unterstützen alte Menschen professionell mit unterschiedlichen Leistungen. Sie können dann aus mehreren Dienstleistungen wählen, was Sie jeweils brauchen und sind unabhängig, aber trotzdem immer bestens versorgt.

GRUNDLEGENDES ZUM BETREUTEN WOHNEN

Irgendwann im Ruhestand kommt sie vermutlich auf – die Frage, wie man im Alter eigentlich leben möchte. Wenn Sie das große Glück haben, Ihre Rente gesund zu erleben, wenn Sie aktiv sein dürfen und außer dem einen oder anderen kleinen Wehwehchen keine größeren gesundheitlichen Probleme haben, mag diese Frage noch lange auf sich warten lassen. Macht sich allerdings die eine oder andere Einschränkung in gesundheitlicher Hinsicht jetzt schon bemerkbar, ist es umso wichtiger, sich frühzeitig um dieses Thema zu kümmern. Vermutlich setzt sich niemand gerne mit der Frage auseinander, sein geliebtes Zuhause zu verlassen und in eine Seniorenresidenz umzuziehen. Trotzdem ist es wichtig, sich damit zu beschäftigen und die Optionen zu prüfen. Sind die Weichen erst einmal gestellt, dürfen Sie sich über eine ganz besondere Belohnung freuen: Sie genießen das gute Gefühl, dass alles für die kommenden Jahre geregelt ist und dass Sie noch selbstständig über Ihre Zukunft entscheiden durften!

Vielleicht haben Sie sich mit dem nahen Ruhestand schon einmal über mögliche Wohnformen im Alter nachgedacht. Wenn Sie heute zum Beispiel in einer Wohnung im zweiten Stock leben und Ihr Haus keinen Aufzug hat, könnte es mit zunehmendem Alter schwierig werden, sich selbst zu versorgen und die Treppen zu schaffen. Selbst wenn Sie gesund sind, haben Sie irgendwann vielleicht weder die Kraft noch die Lust, sich selbst um Einkäufe, Arztbesuche und die Organisation Ihres gesamten Alltags einschließlich des Haushalts zu kümmern. Noch belastender mag die Situation sein, wenn Sie ein großes Haus besitzen, das unterhalten und gepflegt werden muss.

Gesundheitliche Probleme können sehr kurzfristig und unerwartet auftreten, sodass es überraschend passieren kann, dass Sie Ihr Heim einfach nicht mehr so in Ordnung halten können, wie Sie sich das immer gewünscht haben und wie Sie es auch gewohnt waren.

Im Krankheitsfall kann selbst eine kleine Wohnung mit Garten schon zu einer enormen Belastung werden, die Sie einfach nicht mehr schaffen. Natürlich kann man sich dann Hilfe holen, eine Putzfrau oder einen Gärtner beauftragen, doch das kostet Geld und Sie müssen sich darum kümmern, gute Fachkräfte zu finden. Vielleicht haben Sie mit zunehmendem Alter weder die Kraft noch die Energie und die Lust, sich damit zu beschäftigen. Auch Ihre Kinder wollen Sie damit vermutlich nicht belasten, und Sie werden auch kaum erwarten, dass sie Ihnen maßgeblich dabei helfen, alle Arbeiten zu erledigen. Schließlich haben Ihre Kinder einen eigenen Haushalt, eine Familie und sind berufstätig, sodass sie kaum die Zeit haben, den Haushalt für Sie zu führen oder den Garten in Ordnung zu halten.

Das alles bringt Sie vermutlich dazu, sich die Frage zu stellen, wie die Dinge im Alter laufen sollen. Es ist völlig verständlich, dass Sie sich an diese Themen nicht herantrauen, denn die Lösung könnte enorme Veränderungen für Sie und Ihr Leben mit sich bringen. Das gilt übrigens auch, wenn Sie mit Ihrer Frau sehr glücklich in Ihrem Haus leben. Dann heißt es, gemeinsam eine Entscheidung zu treffen und diese vielleicht sogar mit Ihren Kindern zu diskutieren.

Diese Fragen sind irgendwann von nahezu allen Familien zu besprechen, und es sind tragfähige Lösungen zu finden, mit denen alle Beteiligten leben können. Natürlich können Sie die Dinge aussitzen und warten, bis Sie nicht mehr allein in Ihrem Haus oder in Ihrer Wohnung sein können. Doch wenn überraschend der Krankheitsfall eintritt oder Sie oder Ihre Partnerin sogar zum Pflegefall werden, ist guter Rat teuer. Dann ist meist schnelles Handeln gefragt, und die Lösung kann in diesem Fall dann durchaus anders ausfallen, als Sie sich das gewünscht haben. Deshalb ist es besser, frühzeitig nach Lösungen zu suchen, solange Sie selbst noch über die Situation bestimmen können und die Dinge in Ihrem Interesse regeln können. Die Belohnung liegt auf der Hand, denn Sie haben einfach das gute Gefühl, dass alles so laufen wird, wie Sie sich das gewünscht haben – selbst wenn das Leben wieder einmal anders spielt, als Sie sich das vorgestellt haben. Deshalb lohnt es sich, frühzeitig Informationen über betreutes Wohnen oder andere Wohnformen im Alter einzuholen und die Weichen für die letzte Phase Ihres Lebens zu stellen.

So lange wie möglich in der eigenen Wohnung zu leben und trotzdem immer Unterstützung zu bekommen, wenn es nötig ist – was im ersten Augenblick unglaublich klingt, versteckt sich hinter dem Begriff „Betreutes Wohnen" (32). Das Wohnumfeld ist dem Alter entsprechend angepasst, und wenn man eine helfende Hand für die eine oder andere Dienstleistung braucht, ist sie da. Gemeinschaftliche Aktivitäten sind in einer solchen Einrichtung ebenfalls möglich, sodass sich die Senioren rundherum wohlfühlen und trotzdem so selbstständig wie möglich bleiben. Vor diesem Hintergrund erfreut sich betreutes Wohnen einer zunehmenden Beliebtheit. Doch die Unterschiede der Anbieter sind groß, und betreutes Wohnen ist auch nicht für jedermann geeignet.

Wichtig für Sie zu wissen – es gibt bisher noch keine gesetzlich geschützte Definition für den Begriff des betreuten Wohnens für Senioren. Allerdings haben sich einige

Kriterien durchgesetzt, an denen Sie erkennen können, ob es sich um dieses Konzept handelt oder nicht. In Baden-Württemberg gibt es sogar ein Qualitätssiegel mit dem Namen „Betreutes Wohnen für Senioren". Solche Auszeichnungen sind noch nicht flächendeckend üblich, aber es lohnt sich, in Ihrem Bundesland danach Ausschau zu halten. Ein weiteres Qualitätskriterium ist die DIN-Norm 77800. Darin ist festgelegt, welche Anforderungen eine Einrichtung erfüllen muss, die als „Betreutes Wohnen" angeboten wird. In der DIN-Norm ist beschrieben, welche Leistungen Sie in der Wohnanlage und in der Wohnung selbst erwarten dürfen, welche Grund- und Wahlleistungen es gibt, welche zusätzlichen Services angeboten werden und wie hoch die Kosten sind.

Beim betreuten Wohnen leben Sie in der Regel in einer eigenen Wohnung. Gleichzeitig können Sie vielfältige Serviceleistungen nutzen. Manche Unterkünfte sind an ein Pflegeheim angeschlossen oder befinden sich mindestens auf dem Gelände von einem Senioren- oder Pflegeheim. Falls man in solchen Einrichtungen überraschend zum Pflegefall wird, steht schnell eine professionelle Hilfe zur Verfügung. Solange sich der Grad der Pflegebedürftigkeit und der Umfang der nötigen Unterstützung in einem überschaubaren Rahmen halten, ist es bei solchen Einrichtungen nicht zwingend erforderlich, in ein Pflegeheim zu ziehen.

Nicht verwechseln darf man betreutes Wohnen allerdings mit dem sogenannten Service-Wohnen. Service-Wohnen besteht in der Regel aus einer barrierearmen Wohnung, in der Sie einzelne Dienstleistungen für alte Menschen in Anspruch nehmen können. Typisch ist zum Beispiel ein Hausnotruf, ambulante Pflege, Wäscheservice und Besuchsdienst. Gerade für Menschen mit Behinderung oder mit einem Pflegegrad ist genau zu klären, ob die Betreuung beim Service-Wohnen noch ausreicht oder ob die professionelle Pflege in einem Seniorenheim nötig ist. Häufig geben hier Nuancen den Ausschlag, doch letztlich kommt es immer darauf an, dass sich der Betroffene rundherum sicher und gut versorgt fühlt in seiner Einrichtung.

Wenn Sie sich für betreutes Wohnen interessieren, überlegen Sie sich am besten im Vorfeld, was Sie sich wünschen und wie umfangreich die Betreuung sein soll.

Typische Kriterien sind zum Beispiel:
- Ambulante Pflegeleistungen
- Hausnotrufsystem
- Gemeinsames Essen
- Gemeinschaftsräume
- Serviceleistungen wie Wäsche, Reinigung, Vollpension
- Barrierefreies Appartement
- Fahrdienste

- Hilfe beim Schriftverkehr mit Banken und Verwaltungen
- Behördengänge
- Botengänge

Damit Sie sich in Ihrer Einrichtung wohlfühlen, sind bestimmte Grundvoraussetzungen zu erfüllen. Betreutes Wohnen bietet sich an, wenn Sie noch selbstständig sind und trotzdem sicher sein wollen, dass Sie bei Bedarf zuverlässige Hilfe bekommen. Die Betreuung dient Ihrer Unterstützung, damit Sie so lange wie möglich selbstständig bleiben. Eine schwere Pflegebedürftigkeit kann dadurch ausgeschlossen sein. Ist die Einrichtung aber an ein Pflegeheim integriert, kann ein Umzug recht einfach sein. Unter Umständen können Sie auch in Ihrem Appartement wohnen und werden durch das Personal der Pflegeeinrichtung betreut. Hier liegt die Tücke tatsächlich im Detail, und es ist sehr wichtig, sich vorab genau zu informieren und die Einrichtung auch zu besichtigen. Nur dann haben Sie genügend Informationen, um sich mit einem guten Gefühl zu entscheiden. Bedenken Sie bei Ihrer Entscheidung auch, dass sich der Grad der Pflegebedürftigkeit mit zunehmendem Alter erhöhen kann. Für diesen Fall ist es wichtig, dass eine entsprechende Betreuung auch kurzfristig gewährleistet ist.

Die Kosten für betreutes Wohnen unterscheiden sich stark. Zum einen besteht die Wahl zwischen Kauf oder

Miete der Wohnung, zum anderen spielt aber auch die Lage, das örtliche Preisniveau und die Art und der Umfang der Betreuung eine Rolle. Als Anhaltspunkt gilt, dass die Preise in der Regel höher sind als die Preise für vergleichbare Wohnungen ohne Betreuung. Eine erste Orientierung bieten Ihnen die lokalen Mietkosten zuzüglich einem Aufschlag von rund 20 Prozent. Die Miete und die Kosten für die Betreuung zahlen Sie selbst. Falls Sie einen Pflegegrad haben, trägt die Pflegeversicherung einen Teil der Kosten für die Pflege. Zusätzliche Leistungen, die ein lokaler Pflegedienst für Sie erbringt, zahlen Sie ebenfalls selbst.

Einen großen Unterschied macht auch Ihr Standort. In Dortmund sind die Kosten für eine Eigentumswohnung zum Beispiel höher als in Aachen. In München können die Kosten für eine Mietwohnung stark schwanken, in Braunschweig hingegen ist die Bandbreite nicht so groß. In den neuen Bundesländern oder in Berlin sind die Kosten tendenziell etwas niedriger als in den alten Bundesländern. Ein weiterer Anhaltspunkt ist das Baujahr der Einrichtung, denn neue Einrichtungen sind zwar meist sehr komfortabel und hell und schön eingerichtet, doch im Vergleich auch sehr teuer. Letztlich bleibt Ihnen also nur übrig, sich vor Ort genau zu informieren und mehrere Einrichtungen zu vergleichen.

Zu den typischen Grundleistungen gehören beim betreuten Wohnen:
- Ein Mahlzeitenservice durch Essen auf Rädern oder einem Mittagstisch in Ihrer Anlage
- Reparaturservice durch die Haustechniker
- Hauswirtschaftliche Unterstützung beim Einkaufen, Reinigen und bei der Wäsche
- Fahr- und Begleitdienste zu Ärzten, Behörden oder Therapeuten
- Ambulante Pflege oder therapeutische Hilfe wie Krankengymnastik

Mit den Wahlleistungen sichern Sie sich noch etwas mehr Lebensqualität:
- Betreuung von einem Berater
- Feste Sprechzeiten für die Betreuungskräfte in der Anlage
- Vermittlung von Hilfsdiensten
- 24-Stunden-Hausnotruf
- Förderung der Kontakte zu anderen Anwohnern
- Reinigung der Wohnung
- Hausmeisterservice

Achten Sie bei der Wahl Ihrer Anlage auch darauf, dass sie sich in einer guten Lage befindet. Sie sollte mit öffentlichen Verkehrsmitteln gut zu erreichen sein. Einkaufsmöglichkeiten, Ärzte und Friseure, Fußpflege, Restaurants und Cafés sollten unbedingt in der Nähe und ohne Auto zu erreichen sein.

Immer mehr an Bedeutung gewinnt übrigens auch das Konzept, zu Hause betreut zu wohnen. Häufig spricht man dann auch von ambulant betreutem Wohnen. Dabei bleibt die pflegebedürftige Person in ihrem bisherigen Haus und wird dort von einer ambulanten Pflegekraft betreut. Dazu sollte die eigene Wohnung unbedingt barrierefrei und pflegegerecht eingerichtet sein. Das gilt auch für den Zugang zur Wohnung und vor allem für das Badezimmer. Außerdem muss es vor Ort einen Pflegedienst geben, der neben den Grundleistungen für die ambulante Pflege auch die Wahlleistungen übernimmt.

Auch eine sogenannte Senioren- oder Pflege-WG kann ein interessantes Wohnmodell sein (33). Hier gründen Sie mit mehreren Senioren eine WG und wohnen gemeinsam in einer Wohnung. Jeder hat sein eigenes Zimmer, es gibt Gemeinschaftsräume wie das Wohnzimmer und die Küche. Bei Bedarf kann ein ambulanter Pflegedienst bestellt werden, auch Leistungen wie Essen auf Rädern können Sie problemlos bestellen. Allerdings erfolgt das alles in Eigenregie. Sie kümmern sich selbst darum, dass eine mobile Fußpflege zu Ihnen ins Haus kommt und sind auch für die Organisation von allen anderen Unterstützungsleistungen selbst verantwortlich. Das Leben in einer Senioren-WG kann sehr bereichernd sein und viel Freude machen, doch es setzt eine gewisse Selbstständigkeit voraus. Für einen Pflegefall mit einem gehobenen Bedarf der Betreuung ist diese Wohnform häufig nicht geeignet.

Sie sehen also, es gibt einige interessante Alternativen zum betreuten Wohnen. Da sich die Anbieter sehr unterscheiden, lohnt es sich, wenn Sie sich schon frühzeitig mit diesem Thema beschäftigen. Gerade wenn Sie eine bestimmte Einrichtung bevorzugen, weil Sie nahe an Ihrem bisherigen Wohnort liegt, ist es vielleicht ratsam, sich auf die Warteliste für eine kleine Wohnung setzen zu lassen. Dann haben Sie im Fall des Falles gute Chancen, innerhalb von absehbarer Zeit tatsächlich einen Platz zu bekommen.

Damit sind wir am Ende unseres Ratgebers für Männer im Ruhestand. Sie haben viel erfahren über die Dinge, die für Ihre Altersgruppe wichtig sind, um Ihnen das Leben als Rentner so schön wie möglich zu machen. Jetzt ist es an Ihnen, diese Zeit zu genießen und diese spannende Phase in Ihrem Leben nach dem Berufsleben so abwechslungsreich wie möglich zu gestalten. Wir sind sicher, Sie haben unzählige Anregungen erhalten und nun schon viele Ideen im Kopf, was Sie selbst mit Ihrer neu gewonnenen Freiheit anstellen möchten.

Lassen Sie sich gerne von unseren Impulsen inspirieren, finden Sie eigene Ideen und entwickeln Sie sie weiter. Probieren Sie die Dinge aus und fühlen Sie sich frei, immer wieder ein bisschen für Abwechslung zu sorgen. Erweitern Sie Ihren Freundes- und Bekanntenkreis, unternehmen Sie schöne Reisen und Ausflüge und genießen Sie die Zeit mit der Familie, mit Kindern und Enkeln und mit Freunden und Bekannten. Machen Sie gerne das, was Sie schon immer machen wollten, denn jetzt ist die beste Zeit Ihres Lebens und diese Gelegenheit kommt vielleicht nicht wieder. Wir wünschen Ihnen auf jeden Fall viel Freude dabei! Erfinden Sie sich gerne noch einmal neu und ändern Sie Ihr Leben von Grund auf, um noch einmal so richtig durchzustarten!

QUELLEN

(1) www.deutschlandfunkkultur.de/kraft-trainieren-im-alter-muskeln-fuer-ein-laengeres-leben.966.de.html?dram:article_id=351818, Abruf vom 10.04.2021

(2) www.ottonova.de/gesund-leben/mentales-training/kognitive-faehigkeiten-leistung, Abruf vom 10.04.2021

(3) www.deutschlandfunkkultur.de/neue-behandlungsmethoden-der-medizin-warum-koerper-und.1008.de.html?dram:article_id=397658, Abruf vom 11.04.2021

(4) www.gesundheit-koerper-seele.com/psychosomatik-psychotherapie/, Abruf vom 11.04.2021

(5) www.orthomol.com/de-de/lebenswelten/konzentration/leistungsfaehig-bleiben, Abruf vom 12.04.2021

(6) www.pflege.de/leben-im-alter/gesundheit-im-alter/gedaechtnistraining/, Abruf vom 12.04.2021

(7) www.orthomol.com/de-de/lebenswelten/konzentration/leistungsfaehig-bleiben/nahrung-f%C3%BCrs-gehirn, Abruf vom 12.04.2021

(8) www.businessinsider.de/wissenschaft/wer-seine-gehirnleistung-verbessern-will-sollte-eine-sache-nicht-mehr-tun-r/, Abruf vom 12.04.2021

(9) www.karrierebibel.de/komfortzone-verlassen/, Abruf vom 12.04.2021

(10) www.verbraucherzentrale.de/wissen/lebensmittel/ernaehrung-fuer-senioren/fit-im-alter-brauche-ich-eine-nahrungsergaenzung-17725, Abruf vom 21.04.2021

(11) www.aktive-rentner.de/verrueckte-hobbys-fuer-rentner-7-ausgefallene-ideen-gegen-langeweile.html, Abruf vom 23.04.2021

(12) www.silberherzen.de/weltenbummler-im-ruhestand/, Abruf vom 23.04.2021

(13) www.versicherungs-bote.de/id/4900534/Rente-Immer-mehr-Geld-wird-ins-Ausland-uberwiesen/#:~:text=Wie%20aus%20dem%20j%C3%BCngsten%20Rentenatlas,wurde%20an%20ausl%C3%A4ndische%20Versicherte%20gezahlt, Abruf vom 23.04.2021

(13a) www.de.statista.com/themen/172/senioren, Abruf vom 06.10.2021

(14) www.weltderwunder.de/artikel/ruhestand-rente-so-wirds-nicht-langweilig, Abruf vom 24.04.2021

(15) www.herbstlust.de/rabatte-fuer-senioren/Rabatte für Senioren: Diese sollten Sie kennen, Abruf vom 25.04.2021

(16) www.gevestor.de/details/diese-vorteile-hat-ein-rentner-mit-dem-rentnerausweis-635825.html, Abruf vom 25.04.2021

(17) www.ihre-vorsorge.de/magazin/lesen/wenn-das-geld-im-alter-nicht-reicht-finanzielle-unterstuetzung-fuer-rentner.html, Abruf vom 25.04.2021

(18) www.de.statista.com/statistik/daten/studie/165570/umfrage/empfaenger-von-grundsicherung-in-deutschland/, Abruf vom 25.04.2021

(19) www.ihre-vorsorge.de/magazin/lesen/wenn-das-geld-im-alter-nicht-reicht-finanzielle-unterstuetzung-fuer-rentner.html, Abruf vom 03.05.2021

(20) www.deutsche-rentenversicherung.de/DRV/DE/Rente/In-der-Rente/Grundsicherung/grundsicherung_node.html, Abruf vom 03.05.2021

(21) www.hartziv.org/grundsicherung-im-alter-und-bei-erwerbsminderung.html#:~:text=Anspruchs%20bei%20Auslandsaufenthalt-,Das%20Wichtigste%20in%20K%C3%BCrze%3A%20Grundsicherung%20im%20Alter%20und%20bei%20Erwerbsminderung,Kosten%20f%C3%BCr%20Wohnung%20und%20Heizung, Abruf vom 03.05.2021

(22) www.ihre-vorsorge.de/magazin/lesen/wenn-das-geld-im-alter-nicht-reicht-finanzielle-unterstuetzung-fuer-rentner.html, Abruf vom 03.05.2021

(23) www.ihre-vorsorge.de/magazin/lesen/wenn-das-geld-im-alter-nicht-reicht-finanzielle-unterstuetzung-fuer-rentner.html, Abruf vom 03.05.2021

(24) www.finanzamt.hessen.de/wissenswertes/im-ruhestand-oder-kurz-davor, Abruf vom 03.05.2021

(25) www.vlh.de/krankheit-vorsorge/altersbezuege/wann-muss-ich-als-rentner-steuern-zahlen-und-wie-viel.html#:~:text=Sie%20als%20Rentner%20sind%20grunds%C3%A4tzlich,Verheiratete%20gilt%20der%20doppelte%20Wert, Abruf vom 03.05.2021

(26) www.quarks.de/gesellschaft/warum-altruismus-sinnvoll-ist/, Abruf vom 07.05.2021

(27) www.date.de/die-besten-partnerboersen-ab-50/, Abruf vom 08.05.2021

(28) www.postbank.de/themenwelten/rente-nachlass/artikel_fruehrente-altersgrenzen-und-zugangsbedingungen.html, Abruf vom 18.05.2021

(29) www.allrecht.de/alles-was-recht-ist/altersteilzeit/, Abruf vom 18.05.2021

(30) www.tk.de/firmenkunden/versicherung/beitraege-faq/zahlen-und-grenzwerte/hinzuverdienst-rentner-2033144?tkcm=aaus, Abruf vom 19.05.2021

(31) www.betreut.de/magazin/erwachsene-senioren/im-alter-ohne-auto-mobil-bleiben/, Abruf vom 19.05.2021

(32) www.wohnen-im-alter.de/einrichtung/betreutes-wohnen/ratgeber, Abruf vom 20.05.2021

(33) www.krankenkassenzentrale.de/wiki/betreutes-wohnen#, Abruf vom 20.05.2021

Haftungsausschluss

Das Werk, einschließlich seiner Teile, ist urheberrechtlich geschützt. Jede Verwertung ist ohne Zustimmung des Verlages und des Autors unzulässig. Dies gilt insbesondere für die elektronische oder sonstige Vervielfältigung, Übersetzung, Verbreitung und öffentliche Zugänglichmachung.

Die Benutzung dieses Buches und die Umsetzung der darin enthaltenen Informationen erfolgen ausdrücklich auf eigenes Risiko. Die Ratschläge in diesem Buch sind sorgfältig erwogen und geprüft. Sie bieten jedoch keine medizinische Beratung und stellt daher keinen Ersatz für den Besuch eines Arztes dar. Zudem können Druckfehler und Falschinformationen nicht vollständig ausgeschlossen werden. Der Verlag und auch der Autor können für etwaige Unfälle und Schäden jeglicher Art, die sich beim Anwenden von in diesem Buch aufgeführte Praktiken und Empfehlungen ergeben, keine Haftung übernehmen. Rechts- und Schadenersatzansprüche sind ausgeschlossen.

Medizinischer Haftungsausschluss

Die hier dargestellten Inhalte dienen ausschließlich der neutralen Information, Weiterbildung und Unterhaltung. Sie stellen keine Empfehlung oder Bewerbung der beschriebenen oder erwähnten diagnostischen Methoden oder Behandlungen dar. Der Text ersetzt keinesfalls eine medizinische Beratung durch einen Arzt oder Apotheker und er darf nicht als Basis zur eigenständigen Diagnose und Beginn, Änderung oder Beendigung einer Behandlung von Krankheiten verwendet werden. Bei gesundheitlichen Fragen, Beschwerden oder Problemen konsultieren Sie immer Ihren Arzt!

Printed in Germany
by Amazon Distribution
GmbH, Leipzig